Jean-Yves Calvez SJ · Glaube und Gerechtigkeit

D1663694

Von demselben Autor

1. Calvez, Jean-Yves SJ (übersetzt von Theodor Sapper), Karl Marx, Darstellung und Kritik seines Denkens, Walter Olten Verlag, 1964

2. Calvez, Jean-Yves, und Perrin, Jacques, Kirche und Wirtschaftsgesellschaft, Die Soziallehre der Päpste von Leo XIII. bis Johannes XXIII., Paulus Verlag Recklinghausen, 1964, 2 Bde., übersetzt von Walter G. Armbruster

3. Introduction à la vie politique, Paris, Aubier, 1967

4. Aspects sociaux et politiques des pays en voie de développement, Paris, Dalloz, 1971

5. Profondeur de l'existence politique, Paris, Le Cerf, 1985

Jean-Yves Calvez SJ

Glaube und Gerechtigkeit

Die soziale Dimension des Evangeliums

Essay über ein Schlüsseldokument der jüngsten Geschichte
der Jesuiten

ERICH WEWEL VERLAG MÜNCHEN

CIP-Kurztitelaufnahme der Deutschen Bibliothek

Calvez, Jean-Yves:
Glaube und Gerechtigkeit: d. soziale Dimension d. Evangeliums; Essay über e.
Schlüsseldokument d. jüngsten Geschichte d. Jesuiten / Jean-Yves Calvez. – 1. Aufl.
– München: Wewel, 1987.
   (Wewelbuch; 135)
   Einheitssacht.: Foi et justice ‹dt.›
   ISBN 3-87904-135-0
NE: GT

1. Auflage 1987

Wewelbuch 135

© 1987 by Erich Wewel Verlag, München. Alle Rechte vorbehalten.
Umschlagentwurf: Siegbert Seitz, Dillingen
Gesamtherstellung: Verlag und Druckerei G. J. Manz AG, Dillingen
Printed in Germany

ISBN 3-87904-135-0

Einleitung

Groß ist die Zahl der Ordensbrüder und Ordensschwestern, der Bischöfe, Priester und Laien in der katholischen Kirche, die das Dokument der Jesuiten „Dienst am Glauben und Einsatz für die Gerechtigkeit" schon kennen oder wenigstens von ihm hörten. Selbst viele außerhalb der katholischen Kirche kennen es. – Dies Dokument, das im Jahre 1975 von der 32. Generalkongregation verabschiedet wurde, wird von vielen auch kurz „Glaube und Gerechtigkeit" genannt. („Generalkongregation" ist die Bezeichnung des Generalkapitels der Gesellschaft Jesu.)

Das mysteriöse „4. Dekret"

Viele hatten bereits Gelegenheit, die Auswirkungen dieses Dokumentes bei den Jesuiten selbst zu erleben. Denn wo immer sie versammelt waren, konnte man sie über ein mysteriöses „4. Dekret" sprechen hören. Vor etwa einem Jahr geschah das bei einem französischen Priester, der nicht Jesuit ist. Als er von einer europäischen Konferenz über die Arbeitermission der Jesuiten, zu der er eingeladen war, zurückkehrte, wies er darauf hin, wie sehr in ihm das Interesse an dem Dokument geweckt worden sei, da immer wieder Bezug auf das „4. Dekret" genommen wurde. Er schrieb: „Ich fragte mich, was für ein Text das denn wohl sei, dieses neue Evangelium der Jesuiten, das ich noch nicht kannte." – Er hat gewiß nicht lange gewartet, sich dieses Dokument zu beschaffen, eben das, von dem wir hier sprechen.

Im Orden der Jesuiten wird die Bezeichnung „Dekret" für alle Beschlüsse der Generalkongregationen verwandt: sowohl für juridische Anweisungen als auch für weiterreichende Erklärungen und Richtlinien. Darum hat jede Generalkongregation ein 4. Dekret in der Reihe ihrer Dokumente. Aber der Ausdruck „4. Dekret" hat beim 4. Dekret der 32. Generalkongregation, das den Titel trägt „Dienst am Glauben und Einsatz für die Gerechtigkeit", eine außergewöhnliche Bedeutung angenommen, nämlich die eines selbständigen Namens. Es ist durchaus möglich, daß diese Anwendung selbst nach der 33. Generalkongregation beibehalten wird, die in den Monaten September und Oktober 1983 stattfand und natürlich unter ihren Beschlußfassungen auch ein 4. Dekret hatte. Das zeigt das beachtenswerte Echo, das das Dokument „Dienst am Glauben und Einsatz für die Gerechtigkeit" unter den Jesuiten fand. Um der Genauigkeit willen sei darauf hingewiesen, daß dieses Dokument auch unter den Jesuiten auf solche traf, die es nicht mit Begeisterung aufnahmen, das gab es auch.

Ein weiterer Grund für das Interesse am „4. Dekret" – wir werden uns erlauben, diese Bezeichnung hier zu benutzen – ist, daß man eine Beziehung vermutet zwischen dem Dekret einerseits und den außerordentlichen Ereignissen andererseits, die in den letzten Jahren das Leben der Gesellschaft Jesu kennzeichneten, vor allem die Beziehungen der Gesellschaft zum Papst.

In allen Ländern konnte man es lesen, die bedeutenden Informationsagenturen befaßten sich damit, daß Pater Arrupe, der seit 1965 Generaloberer war, sich im Jahre 1980 praktisch entschieden hatte, eine neue Generalkongregation einzuberufen. Dort wollte er wegen seines Alters und wegen der einsetzenden Ermüdungserscheinungen seinen Rücktritt anbieten, aber Johannes Paul II. bat ihn, die Einberufung der Generalkongregation aufzuschieben. Der Papst war über einige Aspekte des Lebens der Gesellschaft Jesu besorgt, und er wünschte, daß die Kongregation nicht stattfände, bevor die in Frage stehenden Punkte geklärt wären. In den ersten Monaten des Jahres 1981 hatte er zwei lange Besprechungen darüber mit P. Arrupe. Und es waren noch weitere vorgesehen.

Dann geschah es aber einerseits, daß am 13. Mai auf dem Petersplatz das Attentat auf den Heiligen Vater verübt wurde, und andererseits, daß P. Arrupe plötzlich am 7. August erkrankte und unter einer Gehirnthrombose zu leiden hatte. Es zeigte sich schon bald, daß P. Arrupe, selbst wenn er die schlimmste Phase der Krankheit überstehen sollte, schwer behindert bleiben würde und nicht fähig wäre, die Regierungsgeschäfte des Ordens wieder aufzunehmen. Er hatte bereits einen Generalvikar ernannt, um die Kontinuität in der Ordensleitung sicherzustellen. Der Papst griff jedoch im Oktober ein, er ernannte einen persönlichen Bevollmächtigten, P. Paolo Dezza, der die Verantwortung für die Vorbereitung der Generalkongregation übernehmen sollte. Es ging darum, einige Punkte klarzustellen.

Diese verwickelte Lage war dann tatsächlich schon bald gelöst, nachdem der Papst noch Ende Februar 1982 in vertrauensvoller Weise mit den Provinziälen der Gesellschaft verhandelt hatte, die vom päpstlichen Delegaten zusammengerufen worden waren. Dieser übermittelte dann kurz darauf allen Jesuiten die Wünsche Johannes Paul II. Dank der Bemühungen der Gesellschaft, sich die Gedanken des Papstes zu eigen zu machen, ließ die Einberufung der Generalkongregation, die schon zwei Jahre lang aufgeschoben worden war, nicht mehr lange auf sich warten. Sie fand am 6. Dezember 1982 statt.

Was dann folgte, ist noch vielen im Gedächtnis: die Generalkongregation kam am 1. September 1983 zusammen; am 13. September wurde das Rücktrittsgesuch von Pater Arrupe angenommen, der neue Ordensgeneral Pater Peter-Hans Kolvenbach wurde gewählt; der Orden kehrte zu seiner normalen Verwaltung zurück, und die Zeit der außergewöhnlichen Maßnahmen war vorüber.

Nun wird aber vermutet, daß zwischen den oben erwähnten Ereignissen und dem 4. Dekret der 32. Generalkongregation „Dienst am Glauben und Einsatz für die Gerechtigkeit" eine Beziehung besteht. Es ist eine Beziehung, die gewiß zum besseren Verständnis und zur klareren Darstellung verhelfen kann; denn sie ist keineswegs nur eine Beziehung von Ursache und Wirkung, sondern sie hat durchaus einen realen Hintergrund.

So ist es schon der Mühe wert, dieses Dokument und seine Geschichte genauer bekanntzumachen und seine Bedeutung abzuschätzen. Es geht hier ohne Zweifel um eine Seite in der Chronik, die einem einzelnen religiösen Orden in besonderer Weise gewidmet ist. Aber dennoch ist es wohl nicht unangebracht, sie vielen anderen auch vorzulegen, um so mehr als man schon bald feststellen wird, daß wenigstens ein Teil der Probleme, die hier anzutreffen sind, kaum etwas an sich haben, das wirklich etwas Besonderes wäre. Sie haben sich an anderen Stellen in der Kirche bereits gezeigt, und sie zeigen sich auch jetzt noch dort. Darum sind wohl auch die Erwägungen, die in diesem Buch darüber angestellt werden, geeignet, nicht nur den Jesuiten, sondern auch anderen mehr Klarheit über diese Fragen zu geben.

Der Einsatz für die Gerechtigkeit, eine Forderung des Dienstes am Glauben

Der Text des Dokumentes „Dienst am Glauben und Einsatz für die Gerechtigkeit" ist wahrscheinlich nicht sehr genau bekannt, darum ist er ungekürzt im Anhang dieses Buches abgedruckt. Aber es ist dennoch wohl ratsam, schon in dieser Einleitung einen ersten Überblick zu geben, der wenigstens die Ausdrucksweisen andeutet, die am meisten überrascht haben.

Zunächst einmal ist die zu erwähnen, die ganz am Anfang steht: „Der Auftrag der Gesellschaft Jesu heute besteht im Dienst am Glauben, zu dem der Einsatz für die Gerechtigkeit notwendig hinzugehört, denn sie zielt auf die Versöhnung der Menschen untereinander, die ihrerseits von der Versöhnung der Menschen mit Gott gefordert ist." (Anm. 1)

Dann ist es der Paragraph, der das Schlüsselwort „Option" (Grundentscheidung) enthält: „Aus allen Teilen der Welt, wo Jesuiten arbeiten, sind auffallend übereinstimmende und eindringliche Postulate gekommen mit der Forderung, daß sich die Gesellschaft Jesu durch eine klare Grundentscheidung der Generalkongregation entschieden für die Sache der Gerechtigkeit engagiere. Tatsächlich ist heute diese Grundentscheidung dringend gefordert durch unseren apostolischen Auftrag. . . . Die Treue zu unserem apostolischen Auftrag fordert demnach, daß wir das christliche Heil unverkürzt verkünden, d. h. daß wir die Menschen zur Liebe des Vaters führen und damit notwendig zu Nächstenliebe und Gerechtigkeit.

Evangelisation ist Verkündigung des Glaubens, der in der Nächstenliebe wirksam wird. Sie kann nicht verwirklicht werden ohne Einsatz für die Gerechtigkeit." (Anm. 2)

Diese Sätze sind mit einigen wichtigen Sätzen eines anderen Dekrets der 32. Generalkongregation in Verbindung zu bringen, nämlich mit dem, das den Titel „Jesuiten heute" trägt und die Identität des Jesuiten betrifft. Einmal heißt es da: „‚Gefährte Jesu' sein heißt heute, sich unter dem Kreuz im entscheidenden Kampf unserer Zeit einsetzen: im Kampf für den Glauben, der den Kampf für die Gerechtigkeit miteinschließt." (Anm. 3) Dann heißt es weiter: „Der Weg zum Glauben und der Weg zur Gerechtigkeit sind untrennbar. Glaube und Gerechtigkeit sind ungeteilt im Evangelium, welches lehrt, daß der Glaube seine Kraft durch die Liebe erweist. Sie können deshalb weder getrennt werden in unserer Zielsetzung, noch in der Tätigkeit, noch im Leben. Auf diesem unteilbaren, schwierigen Weg muß die pilgernde Kirche gehen und sich abmühen." (Anm. 4)

Einwirken auf die Strukturen, soziales Engagement, Solidarität mit den Armen

Das 4. Dekret richtete in bedeutender Weise, wenn auch nicht ausschließlich, die Aufmerksamkeit auf das Einwirken auf (soziale) Strukturen: „In einer Welt, in der man jetzt die Macht der sozialen, ökonomischen und politischen Strukturen erkennt und in der man deren Mechanismen und Gesetzmäßigkeiten entdeckt, kann Dienst am Evangelium nicht ohne kompetentes Einwirken auf die Strukturen bleiben. . . . Die Veränderung der Strukturen mit dem Ziel, die Menschen materiell und spirituell zu befreien, ist deshalb eng verknüpft mit dem Werk der Evangelisation. Allerdings kann uns der Einsatz für die Veränderung der Strukturen niemals davon dispensieren, im Dienste der Menschen selbst zu arbeiten, seien es jene, die Opfer der Ungerechtigkeit oder der Strukturen sind, seien es jene, die Verantwortung dafür tragen oder Einfluß ausüben." (Anm. 5)

Die Generalkongregation empfahl ein noch stärkeres „soziales Engagement" und eine eindeutige „Solidarität mit den Armen". So heißt es wörtlich im 4. Dekret: „Der Einsatz, den unser Glaube an Jesus Christus und unsere Aufgabe der Verkündigung des Evangeliums für die Gerechtigkeit und für die Solidarität mit denen, die keine Stimme und keine Macht haben, verlangt, führt uns dazu, uns ernsthaft über die schwierigen Lebensumstände dieser Menschen zu informieren. Entsprechend dieser Information und unserer sozialen Verantwortung haben wir zu handeln." (Anm. 6) Es legt sogar Nachdruck darauf: „Es ist Aufgabe der Jesuitenkommunitäten, jedem ihrer Mitglieder zu helfen, die Widerstände, Hemmungen und die Gleichgültigkeit zu überwinden, die ihn hindern, die sozialen, ökonomischen und politischen Probleme in der eigenen Stadt, der Region oder dem

Land, sowie auf internationaler Ebene wirklich zu verstehen. . . . Auf keinen Fall sind wir der Pflicht enthoben, möglichst sorgfältige Analysen der sozialen und politischen Situationen zu erstellen. . . . Ebensowenig sind wir der Pflicht enthoben, ernsthafte Überlegungen für einen pastoralen und apostolischen Einsatz anzustellen. Daraus resultieren Unternehmungen, bei denen die Erfahrung selber zeigen wird, wie sie weiter vorangetrieben werden müssen." (Anm. 7)

Man gestattete sich, ziemlich weit auszuholen, und fügte hinzu: „Wenn wir uns für die Gerechtigkeit einsetzen, wird uns das etwas kosten. Aber das macht unsere Verkündigung glaubwürdiger und erleichtert dem Hörer die Aufnahme." (Anm. 8) Der Einsatz für die Gerechtigkeit, so hieß es an anderer Stelle, darf für uns nicht nur „ein apostolisches Arbeitsgebiet unter anderen, nämlich das soziale Apostolat", sein, sondern es muß „ein Anliegen sein, das unser ganzes Leben bestimmt" und „eine Dimension, die alle unsere apostolischen Aufgaben umfaßt". (Anm. 9)

In derselben Weise darf die Solidarität mit den Armen, und noch deutlicher, „die Solidarität mit jenen, die in schwierigen Umständen leben und als Klasse unterdrückt sind", nicht die Sache von nur einigen sein, sondern diese Solidarität „muß das Leben aller bestimmen, im persönlichen Bereich, auf Kommunitätsebene, bis hinein in die institutionalisierten Werke". (Anm. 10) „Bekehrungen" sind notwendig, sagte das Dokument: in unseren Lebensgewohnheiten und in unserem Lebensstil. Es fügte hinzu: „In ähnlicher Weise werden wir auch unsere institutionellen Bindungen und die apostolischen Arbeiten überprüfen müssen. (Anm. 11) Die Jesuiten sind sich bewußt, daß bisweilen schon ihre Herkunft, dann aber auch ihre Studien und ihre Zugehörigkeit sie vielfach gegen die Armut „schützen" und daß sie sie sogar „gegen das einfache Leben und seine täglichen Sorgen" abschirmen. (Anm. 12) „Es wird darum nötig sein", sagte die Kongregation, „daß eine größere Zahl der Unsrigen das Los der Familien mit bescheidenen Einkommen teilt, das heißt das Leben derer, die in allen Ländern die Mehrzahl bilden und oft arm und unterdrückt sind. Aufgrund der Solidarität, die uns Glieder der Gesellschaft Jesu sein läßt, und aufgrund unseres brüderlichen Austausches müssen wir alle in der Gesellschaft Jesu durch die Mitbrüder, die unter den Ärmsten leben und arbeiten, dafür empfindsam gemacht werden, welches die Schwierigkeiten und Sehnsüchte der Besitzlosen sind . . ." (Anm. 13)

Am Ende lädt das Dekret 4 noch einmal ein, und zwar in einem recht lebhaften Tonfall, unsere Solidarität und die Bereiche unseres Engagements erneut zu überprüfen: „Wo leben wir? Wo arbeiten wir? Wie? Mit wem? Welches sind unter Umständen unsere geheimen Einverständnisse, Abhängigkeiten, Kompromisse mit Ideologien und Mächten? Sind wir imstande, mit Menschen, die noch nicht bekehrt sind, von Jesus Christus zu sprechen, usw.? Das gilt für den einzelnen, die Kommunität und den ganzen Orden." (Anm. 14)

Unsere Einfügung in die Welt

Ein wichtiger Teil des Plans für das Dekret 4 befaßte sich mit dem Begriff „Einfügung": die trennenden Distanzen abschaffen, sich den Menschen nähern, sie besser kennenlernen. Es ging hier übrigens auch nicht nur um Ungerechtigkeiten, sondern ebenso sehr um den Unglauben. Die Kongregation sagte: „Zu oft sind wir isoliert, ohne wirklichen Kontakt mit den Ungläubigen und mit den alltäglichen Folgen der Ungerechtigkeit und der Unterdrückung. Wir laufen Gefahr, den Anruf des Evangeliums, der durch die Menschen unserer Zeit an uns ergeht, nicht verstehen zu können. Ein Testfall für unseren Glauben, unsere Hoffnung und die apostolische Liebe wird deshalb sein, ob wir uns in Zukunft entschlossener in die moderne Gesellschaft hineinbegeben. Sind wir bereit, mit Vernunft und von lebendigen apostolischen Gemeinschaften getragen, Zeugen des Evangeliums zu sein in schwierigen Situationen, wo der Glaube und die Hoffnung auf die Probe gestellt werden durch Unglauben und Ungerechtigkeit? Sind wir bereit, ein hartes und gründliches Studium auf uns zu nehmen? Studien, die immer häufiger nötig sind, um die gegenwärtigen Probleme zu verstehen und zu lösen? In der Theologie, Philosophie, den Humanwissenschaften? Wir müssen uns in die moderne Gesellschaft hineinbegeben, wenn wir mit ihr unseren Glauben und unsere Hoffnung teilen und ein Evangelium verkünden wollen, das Antwort ist auf die Erwartung unserer Zeitgenossen." (Anm. 15)

Das Neue

Das 4. Dekret spricht von vielen anderen wichtigen Punkten: von der Inkulturation des Glaubens und vom christlichen Leben, von der Begegnung mit Nichtchristen, von der Erneuerung der geistlichen Übungen des heiligen Ignatius und mehr allgemein vom „Dienst am Glauben", indem der Einsatz für die Gerechtigkeit eingeschlossen ist. Hervorgehoben wurden auch die Eigenschaften des Einsatzes für die Gerechtigkeit, sie wurden so dargestellt, daß dieser Einsatz in der Tat ein Teil der Verkündigung des Evangeliums wird. Neues lag ebenfalls in der Grundentscheidung, durch die die Gesellschaft sich verpflichtete, entschlossen für eine breitere Beachtung der Gerechtigkeit einzutreten, und in dem, was aus diesen Grundentscheidungen folgte: Bemühung um die Veränderung der Strukturen, Solidarität mit denen, die keine Stimme und keine Macht haben, Solidarität mit den Armen und mit den Opfern der Ungerechtigkeit und das Sich-Einfügen in ihr Leben.

Das alles heißt allerdings nicht, daß die Jesuiten sich bislang auf dem Gebiet des Einsatzes für die Gerechtigkeit nicht betätigt hätten. In vielfältiger Weise waren sie dort vertreten: vor allem durch einen beachtenswerten Beitrag zum sozialen Apostolat, ebenfalls durch die Verteidigung der Rechte der unterdrückten Bevölkerungsteile in Asien und in Lateinamerika. Das geschah in der Tat schon seit langem. Erinnern wir uns nur an die Reduktionen in Paraguay oder auch an den bekannten P. Lievens, der die Adivasis von Ranchi in Indien verteidigte, die im 19. Jahrhundert ihrer Gebiete beraubt wurden. . . . Von nun an aber geht es um mehr oder um etwas anderes: der Einsatz für die Gerechtigkeit muß eine Dimension aller Aufgaben werden, und man ist bemüht, eine Integration zwischen dem Dienst am Glauben und dem Einsatz für die Gerechtigkeit herbeizuführen. „Der Dienst am Glauben und der Einsatz für die Gerechtigkeit" werden zusammengefaßt und als „der integrierende Faktor für alle unsere Arbeiten" bezeichnet. Die Kongregation fügt überdies hinzu: „. . . und nicht bloß für die Arbeiten, sondern auch für das innere Leben der Einzelnen, der Kommunitäten und der weltweiten brüderlichen Gemeinschaft." (Anm. 16)

Aufbau des Werkes

Es geht also um Neues. Und es ist noch weit davon entfernt, schon alle seine Wirkungen hervorgebracht zu haben. Darum sollten die Jesuiten nur mit großer Bescheidenheit davon sprechen. Ja, sie sollten eher etwas verwirrt sein darüber, daß sie bisher nur so wenig erreicht haben. Der Inhalt dieses Buches gibt Hinweise auf das, was gegenwärtig nützliche Bemühungen sein könnten.

– Zunächst legt dieses Werk die Geschichte des 4. Dekretes dar, es soll zeigen, wie und in welchem Zusammenhang es entstand und wie es in der kritischen Zeit zwischen 1975 und 1983 aufgenommen wurde (I. Teil: Anhaltspunkte aus der Geschichte);

– dann werden die theologischen Grundlagen dieses Dekretes herausgearbeitet, indem versucht wird zu bestimmen, was am Ende vielfacher Kontroversen schließlich angenommen wurde (II. Teil: Theologische Grundlagen);

– darauf folgt der Versuch, den Platz der Grundentscheidung des 4. Dekrets zu zeigen, zunächst seinen Platz im Gesamt der Verkündigung des Evangeliums in der Kirche, dann aber auch den in den für die Gesellschaft Jesu eigentümlichen Zielsetzungen (III. Teil: Aufgabe der Kirche, Aufgabe der Gesellschaft Jesu);

– schließlich werden noch verschiedene sehr konkrete Aspekte dieser Grundentscheidung und die Probleme, die einige dieser Aspekte aufwerfen, z. B. Einwirken auf die Strukturen, politisches Engagement, Solidarität mit den Armen und Einfügung, untersucht (IV. Teil: Einige Aspekte des Engagements für die Gerechtigkeit).

Das 4. Dekret erschien in einem schwierigen Zeitabschnitt. Und man kann wohl sagen, daß es über mehrere Jahre hinweg auf einem bewegten Meer trieb. Besonders die Intervention der Päpste Paul VI., Johannes Paul I. und Johannes Paul II., die wir schon erwähnt haben und auf die wir von neuem zu sprechen kommen, haben einen bedeutenden Einfluß auf das Dekret ausgeübt. Heute läßt sich in etwa sagen, was sich durchhält und wo der Grund solide ist. Denn die 33. Generalkongregation, die im Herbst 1983 zusammentrat, hat das 4. Dekret bestätigt. In welchem Sinn, das wird dem Leser klarer sein, wenn er der Abhandlung dieses Buches folgt.

Anmerkungen

1 Dekret 4, Nr. 2
2 ebda., Nr. 28
3 32. Generalkongregation, Dekret 2, Nr. 2
4 ebda., Nr. 8
5 Dekret 4, Nr. 31 und Nr. 40
6 ebda., Nr. 42
7 ebda., Nr. 43 und Nr. 44
8 ebda., Nr. 46
9 ebda., Nr. 47
10 ebda., Nr. 48
11 ebda.
12 Dekret 4, Nr. 49
13 ebda.
14 Dekret 4, Nr. 74
15 ebda., Nr. 35
16 32. Generalkongregation, Dekret 2, Nr. 9

I. Teil
Geschichtliche Grundlagen

1. Kapitel

Die Frage der Gerechtigkeit seit dem 2. Vatikanischen Konzil

Das „4. Dekret" der 32. Generalkongregation der Jesuiten ist offensichtlich kein isoliertes Ereignis. Um es zu verstehen und um seinen Einfluß zu ermessen, müssen wir uns deshalb zunächst einmal das wieder ins Gedächtnis zurückrufen, was nach dem 2. Vatikanischen Konzil (1962–1965) aufzutauchen begann: eine neue und sehr intensive Besorgnis um die Gerechtigkeit, die sich schon sehr bald in weiten Bereichen der Kirche deutlich zeigte.

Auf dem Konzil

Das 2. Vatikanische Konzil selbst war der Auftakt dieser geschichtlichen Phase gerade dadurch, daß es seinen Willen zum Dialog und zur Zusammenarbeit mit allen Menschen kundtat, und auch deswegen, weil es darauf bestand, daß alle Unternehmungen der Menschen Wert und Bedeutung hätten, selbst im Heilsplan Gottes. Der entscheidende Gesichtspunkt dabei ist, daß man ohne diese Perspektive dem Einsatz für die Gerechtigkeit nicht eine so große Wichtigkeit hätte beimessen können. Man hätte sie darüber hinaus auch nicht so direkt mit dem Glauben und mit der Evangelisation in Beziehung bringen können. „In der Pastoralkonstitution ‚Gaudium et Spes' heißt es, daß für die Gläubigen eins sicher sei: in sich betrachtet entspricht die menschliche Aktivität, sei sie individuell oder kollektiv, diese gewaltige Bemühung, durch die die Menschen über Jahrhunderte hinweg alles daransetzen, ihre Lebensbedingungen zu verbessern, ganz dem Plane Gottes." (Anm. 1)
Außerdem geht es in den verschiedenen Dokumenten des Konzils zu wiederholten Malen um die Gerechtigkeit. Dasselbe kann man über die Ungerechtigkeit oder die Ungerechtigkeiten sagen, ein Aspekt, der noch bedeutungsvoller ist. Das

Konzil weist zunächst einmal darauf hin, daß es zahlreiche Menschen gibt, denen heute „Ungerechtigkeiten und die Ungleichheit in der Güterverteilung sehr lebendig bewußt" sind (Gaudium et Spes [GS], 9, § 2). Zwischen den Nationen, zwischen den reichen und den armen, bestehen massive Ungleichheiten, Unterschiede, die außerdem sogar noch wachsen. Oft genug nimmt „die Abhängigkeit, einschließlich der wirtschaftlichen Abhängigkeit", zu, was nie ohne Ungerechtigkeit zu sein scheint.

Das Konzil drückte die Überzeugung aus, daß die „Ungerechtigkeiten" an erster Stelle stehen unter den Gründen, die Zwietracht unter die Menschen brächten und die „die Kriege nährten". „Nicht wenige dieser Ungerechtigkeiten entspringen allzu großen wirtschaftlichen Ungleichheiten oder auch der Verzögerung der notwendigen Hilfe. Andere entstehen aus Herrschsucht und Mißachtung der Menschenwürde und, wenn wir nach den tieferen Gründen suchen, aus Neid, Mißtrauen, Hochmut und anderen egoistischen Leidenschaften." (GS, 83)

Es ist überdies „unmenschlich", darum eigentlich noch schlimmer als ungerecht, „wenn die Regierung (einer politischen Gemeinschaft) auf totalitäre und diktatorische Formen verfällt, die die Rechte der Person und der gesellschaftlichen Gruppen verletzen." (GS, 75, § 3)

Das sind Sätze von einer Art, die in Konzilsdokumenten unbekannt waren. Sie stellten in dieser Form schon eine Neuheit dar. Das Konzil bestand darauf, daß die Christen für die Verbreitung der Gerechtigkeit kämpften, und es meinte, die Priester müßten sogar eine Leidenschaft für die Gerechtigkeit haben. Die Christen haben, „verbunden mit allen, die die Gerechtigkeit lieben und pflegen, auf dieser Erde das große Werk zu vollenden, über das sie ihm, der am Jüngsten Tage alle richten wird, Rechenschaft geben müssen". (GS, 93)

Schließlich wünschte das Konzil ausdrücklich, „ein Organ der Gesamtkirche zu schaffen, . . . das die Aufgabe hätte, die Gemeinschaft der Katholiken immer wieder anzuregen, den Aufstieg der notleidenden Gebiete und die soziale Gerechtigkeit unter den Völkern zu fördern". (GS, 90, § 3) Diesem Wunsch entsprechend entstand eine von Paul VI. ins Leben gerufene Einrichtung, die päpstliche Kommission „Justitia et Pax" (Gerechtigkeit und Frieden): ebenfalls ein neuer Titel unter den Ressorts des Heiligen Stuhles.

Das Jahr 1968, und danach

Es ist zu betonen, daß das 2. Vatikanische Konzil trotz der großen Sensibilität für die Ungerechtigkeit, und trotz seines großen Interesses für die Gerechtigkeit und seine Verbreitung, noch nicht ausdrücklich auf die Frage einging, die in den folgenden Jahren eine so große Bedeutung erhalten sollte. Es war die Frage nach der Verbindung zwischen dem Einsatz für die Gerechtigkeit oder dem Kampf für die Gerechtigkeit einerseits und dem Sendungsauftrag der Kirche, das Evangelium zu verkünden, andererseits. Aber diese Frage tauchte nach dem Konzil sehr bald auf: viel mehr als in der ganzen Vergangenheit der Kirche nimmt man an, man behauptet es sogar ganz nachdrücklich, daß die drängende Sorge um die Gerechtigkeit direkt mit der Verkündigung des Evangeliums zu tun habe. Da fällt vor allem das Jahr 1968 auf, in dem diese Frage in vielen Ländern laut wurde.

In Lateinamerika ist 1968 das Jahr von Medellin, denn in diesem Jahr fand dort die berühmt gewordene 2. Generalversammlung der lateinamerikanischen Bischöfe statt. Eines der Abschlußdokumente dieser Versammlung sprach über die Gerechtigkeit: es hatte eine ungeheure Wirkung. Man kann wohl sagen, daß es sich da um einen Moment handelte, in dem sich im Gewissen der Kirche auf dem Kontinent, auf dem der größte Teil der Katholiken wohnt, drei Dinge herauskristallisierten: 1. die deutliche Wahrnehmung der schreienden Ungerechtigkeiten, die die Völker jenes Gebietes erleiden, 2. das Gefühl für die Dringlichkeit radikaler sozialer Veränderungen und 3. die Überzeugung, daß die Kirche hier eine Verpflichtung habe, ihre ureigenste Verantwortung auszuüben.

Dies ist auch die Zeit, in der die „Theologie der Befreiung" langsam Gestalt annimmt. Im Jahre 1971 erschien das entscheidende Werk „Theologie der Befreiung" von Gustavo Gutierrez, einem Priester aus Lima, der als der Gründer dieser theologischen Richtung angesehen werden kann.

In Europa war für einige, aber wohl nur für eine kleine Gruppe, das Jahr 1968 die Zeit, in der ein revolutionäres Christentum auftrat, für andere jedoch, und sie waren weit zahlreicher, war es die Zeit, in der man entdeckte, daß die Förderung des Menschen und die Suche nach der Gerechtigkeit wesentliche Dimensionen des Christentums seien.

„Alles ist Politik", sagen manche in Frankreich. Der Ausdruck ist zweideutig. Aber die Bischöfe sind, seit sie 1972 in Lourdes zusammenkamen, aufgerufen, darüber zu sprechen und den Ort von Politik und Glauben genauer festzulegen. Msgr. Gabriel Matagrin legte dort einen wichtigen Bericht vor über Politik, Kirche und Glauben.

Im Jahre 1974 griffen die französischen Bischöfe das Problem wieder auf, diesmal aber in einer noch umfassenderen Weise. Der permanente Rat der Bischöfe gab nämlich ein Dokument heraus mit dem Titel: „Die Befreiungen der Menschen und das Heil in Jesus Christus". „An materiellen, technischen und bisweilen auch geistlichen Errungenschaften haben wir kaum Mangel", sagen die Bischöfe, „aber die Abhängigkeiten und die Tyranneien wurden vielleicht nie so drohend empfunden, und die Gefahren haben vielleicht nie solche kollektiven Ausmaße erreicht wie in unseren Tagen." In diesem Zusammenhang, so heißt es weiter, „nehmen die Christen dankbar die Gnade Gottes an, und sie bekunden den Willen, sich von der Gefangenschaft und von der Unterdrückung in all ihren modernen Formen freizumachen".

Sie fahren fort: „Die Befreiung, für die die Christen im Namen des Heils durch Jesus Christus und im Namen der Sendung, die der Geist des Herrn leitet, eintreten, ist nicht ohne politischen Einfluß": sie „ruft die Gesellschaft auf, sich nach solchen Gesichtspunkten neu zu formen, die dem Evangelium entsprechen und mehr als bisher die Menschlichkeit wahren".

Ganz gewiß, so betonen die französischen Bischöfe vorbeugend, wird die Kirche nicht gemeinsame Sache machen mit den politischen Kräften und den politischen Bewegungen. Bischöfe und Priester haben nicht dieselbe Rolle wie „Verantwortliche in Politik und Wirtschaft", selbst wenn sie sich mit den sozial benachteiligten Menschen solidarisieren. Und darüber hinaus ist festzuhalten, daß die christliche Botschaft niemals „auf bloß kulturellen Einsatz und auf Ideologien im sozialen und wirtschaftlichen Bereich verkürzt werden dürfe". Die große Ermutigung, die schon vom 2. Vatikanischen Konzil ausgesprochen wurde, fehlt auch hier nicht: „Die christliche Lehre von den letzten Dingen", so sagen die französischen Bischöfe, „ist die Grundlage für den Weg der Hoffnung, den der Mensch sich in der Geschichte durch seine Arbeit und durch sein Handeln bahnt. Diese Lehre trägt in seine Zielsetzungen eine Erwartung von solcher Fülle hinein, daß er sie nie von seinen Fähigkeiten allein erhoffen könnte." (Anm. 1)

Dieselbe Bewegung der Geister entstand in der Kirche eines unserer Nachbarländer, Italien. Sie führte dazu, daß im Jahre 1976 ein großer Kongreß der italienischen Kirche organisiert wurde. Sein Thema war: „Die Evangelisation und der Einsatz für den Menschen". (Anm. 2)

„Gerechtigkeit in der Welt", auf der Synode von 1971

Das Jahr 1976 ist nach der 32. Generalkongregation der Gesellschaft Jesu, aber schon davor gab es in der Kirche Ereignisse, die äußerst wichtig waren. Eines solcher Ereignisse war die Bischofssynode vom Jahre 1971; es war die 3. regelmäßige Synode der Bischöfe, und sie war zu einem Teil dem Problem „Gerechtigkeit in der Welt" gewidmet. Unter diesem Titel faßte die Synode ihre Beschlüsse zusammen, und Papst Paul VI. ließ sie dann ungekürzt veröffentlichen. Sie war eine Weiterführung der Enzyklika Populorum Progressio (1967), die Paul VI. zur Frage der Entwicklung geschrieben hatte. Hinzu kam, daß sie auch ein Echo auf die Beschlüsse von Medellin waren.

Die Deklaration der Synode geriet sehr bald in Vergessenheit, aber es ist der Mühe wert, einige zentrale Sätze, die uns diesen Zeitabschnitt im Leben der Kirche wieder verlebendigen können, von neuem zu lesen. An einer Stelle heißt es: „Wir hören

den Aufschrei derer, die Gewalt erleiden und von ungerechten Systemen und Mechanismen unterdrückt sind, wir hören ihn wie eine Herausforderung einer Welt, deren Verderblichkeit dem Plan des Schöpfers widerspricht. Darum sind wir uns bewußt geworden, daß es die Berufung der Kirche ist, im Herzen der Welt anwesend zu sein, um den Armen die Frohe Botschaft zu verkünden, den Unterdrückten die Befreiung und den Betrübten Freude zu bringen." Eine andere Stelle geht noch weiter: „Der Kampf für die Gerechtigkeit und die Teilnahme an der Umformung der Welt erscheint uns durchaus als ein wesentliches Element der Verkündigung des Evangeliums. Denn sie ist ja der Kirche aufgetragen, um die Menschheit zu erlösen und die Menschen von aller Bedrückung zu befreien."
Die weiter ins einzelne gehende Diagnose des Unrechts in der Welt, die von der Synode vorgelegt wird, ist in sich sehr charakteristisch. Es finden sich später zahlreiche Anlehnungen daran im 4. Dekret der Generalkongregation der Jesuiten. Die Synode war der Meinung, daß eine große und „allgemeine Krise der Solidarität" in der Welt vorherrscht.
Sie faßt zusammen: „Noch nie sind die Kräfte, die für die Verwirklichung einer geeinten Gesellschaft aller Menschen an der Arbeit sind, so machtvoll und dynamisch aufgetreten wie heute. . . . Das Paradox aber ist darin zu sehen, daß bei dieser Auffassung von Einheit die spaltenden Kräfte und die Streitigkeiten von Tag zu Tag bedrückender werden. Die früheren Zwistigkeiten zwischen den Nationen und den Reichen, zwischen den Rassen und Klassen bestehen auch heute noch, aber sie können auf neue technische Mittel der Destruktion zurückgreifen; das schnelle Wettrüsten bedroht das größte Gut des Menschen, sein Leben. Es macht die Armen, sowohl die Völker als auch die Einzelnen, noch ärmer, und es bereichert nur die, die schon reich und mächtig sind. Es bringt die dauernde Gefahr eines Krieges mit sich, der alles Leben auf der Erde zu vernichten droht, wenn Atomwaffen eingesetzt werden. Zu gleicher Zeit treten neue Spaltungen auf, die den Menschen von seinem Nächsten trennen sollen. Die neue industrielle und technologische Ordnung favorisiert, wenn sie nicht durch soziale und politische Maßnahmen bekämpft und überstiegen wird, die Konzentration der Reichtümer, der Macht und der Entscheidungsgewalt in den Händen einer führenden Elite, sei sie nun privat oder öffentlich. Die Ungerechtigkeit im Bereich der Wirtschaft und der Mangel an sozialer Partizipation hindern den Menschen daran, seine menschlichen und gesellschaftlichen Grundrechte auszuüben." Die Bischöfe fügten hinzu: „Die Hoffnung, die sich im Laufe der letzten 25 Jahren verbreitet hatte, daß nämlich das Wirtschaftswachstum eine so große Menge von Gütern hervorbrächte, daß es auch den Armen Gelegenheit gäbe, sich von den Brosamen zu ernähren, die vom Tisch des Wachstums fielen, erwies sich als leer, und das nicht nur in den Entwicklungsländern, sondern auch dort, wo noch Inseln der Armut in den entwickelten Ländern fortbestehen. . . ."

In diesen letzten Zeilen liegt eine Anspielung auf die kritischen Meinungen, die damals in bezug auf die Entwicklungstheorien, die in den 1960er Jahren im Umlauf waren, häufig vorgebracht wurden: ein starkes allgemeines Wachstum, vor allem ein schnelles Wachstum der industrialisierten Länder, würde sich gewiß auch auf die Entwicklungsländer ausbreiten, die darüber hinaus auch aufgerufen waren, dieselben produktivistischen Methoden einzuführen. In Lateinamerika nannte man diese Theorien frei „Entwicklungstheorien", setzte ihnen aber die sogenannte „Theorie der Abhängigkeit" entgegen, die als Korollarium eine Strategie der Befreiung aus dieser Abhängigkeit verbreitete. Tatsächlich, so glaubte man feststellen zu müssen, fielen nicht viele Brosamen vom Tisch der Reichen herab. Nur wenige „Tropfen" des Wohlstandes erreichten die Armen, ganz im Gegensatz zu dem, was man von dem sogenannten „trickle-down"-(Durchsickern-)Effekt erwartet hatte.

Diese Diagnose ist in mancher Hinsicht zu streng, denn es ist die Zeit, in der verschiedene Länder der 3. Welt, und mehrere davon in Lateinamerika, sehr hohe Wachstumsraten des Bruttosozialprodukts verzeichneten. Aber was diese Diagnose richtig sah, ist die Tatsache, daß das Einkommen schlecht verteilt wurde und daß die breite Masse der Armen sowohl in den Städten als auch auf dem Lande nur am Rande des tatsächlichen Fortschritts blieb.

Die Synode von 1971 ging auch daran, eine ganze Reihe „Ungerechtigkeiten ohne Stimme" offenzulegen und mit Unterdrückungen und Diskriminierungen aller Art abzurechnen; sie fing an mit dem, was die Migranten (Flüchtlinge, Arbeiter vom Ausland usw., Zusatz des Übersetzers) und die politischen Gefangenen erleiden, und sie erwähnte auch die Lüge in den sozialen Kommunikationen und den „Druck, der gegen das Recht auf Leben ausgeübt wird". Man kann daraus ersehen, daß die Synode nicht direkt oder ausschließlich der Auffassung war, Ungerechtigkeit sei ein Problem der Wirtschaft. Das Jahr 1971, in dem diese Synode stattfand, erfuhr im Frühjahr auch die Veröffentlichung des Briefes Octogesima adveniens, den Paul VI. zum 80. Jahrestag der Enzyklika Leo XIII. über die Lage der Arbeiter (Rerum novarum) schrieb. Dies Dokument war noch mehr als die Synodenerklärung „Gerechtigkeit in der Welt" den Problemen der fortschrittlichen Industriegesellschaften zugewandt. Es ging darüber hinaus ganz ausdrücklich und wohlwollend auf die Forderung solcher Christen ein, die in neuerer Zeit die Wichtigkeit der Politik mehr entdeckt hatten. „Der Schritt von der Wirtschaft zur Politik", schrieb Paul VI., „erweist sich als unerläßlich. . . . Die Politik ist eine anspruchsvolle, aber nicht die einzige Art, die schwerwiegende Christenpflicht zu erfüllen, anderen zu dienen. Die Politik kann nicht alle Probleme lösen, bemüht sich aber, die wechselseitigen Beziehungen der Menschen zu verbessern." (OA, 46)

Man sieht hier gewiß auch, daß der Papst im Gegensatz zu den Überschwenglichen, die die Meinung, „alles ist Politik", vertreten, die Grenzen der Politik aufzeigt, denn er fügt hinzu: „So weit und umfassend ihr Bereich auch ist, so läßt sie nichts desto weniger auch anderen Raum. Das Vorhaben jedoch, die Politik ohne Einschränkung in alle Bereiche eindringen zu lassen, würde zu einer großen Gefahr. . . ." (OA, 46)

In Octogesima adveniens nimmt Paul VI. von neuem die Analyse auf, die schon in der Enzyklika Populorum Progressio (1967) über die Ungerechtigkeit auf der nationalen und ganz besonders auf der internationalen Ebene angestellt wurde. Zur Frage des Welthandels schrieb er: „In der Tat haben Machtbeziehungen noch nie eine wahre, dauerhafte Gerechtigkeit hergestellt, obwohl der Wechsel der Machtlagen gelegentlich günstigere Voraussetzungen für die Verhandlungen herbeiführt." (OA, 43) Es war eine Vorahnung dessen, was mit dem schnellen Anstieg der Ölpreise Wirklichkeit werden sollte, aber es war auch eine Vorahnung der Grenzen dieses Ereignisses, die schon bald erkannt wurden. Was jenseits dieser Gesinnungsänderungen von Wichtigkeit ist, das ist die Pflicht, tatsächlich eine „größere Gerechtigkeit in der Verteilung der Güter" zustande kommen zu lassen, und das „sowohl auf nationaler wie auch auf internationaler Ebene". (OA, 43)

Verkündigung des Evangeliums, Befreiung, Förderung des Menschen

Die Synode des Jahres 1971 übte in der Tat einen großen Einfluß aus auf die 32. Generalkongregation der Jesuiten.

Die Synode des Jahres 1974, deren Thema die Evangelisation war, nahm dieselben Fragen wieder auf, die in vielen Bereichen der Kirche nach wie vor brennend waren: die Beziehung der Evangelisation zur politischen und sozialen Befreiung, ihre Beziehung zum Kampf gegen die Ungerechtigkeiten und, mehr allgemein, ihre Beziehung zur „Förderung des Menschen". Diese Synode kam zeitlich sehr nahe an die Generalkongregation der Jesuiten (nur einen Monat vorher fand sie statt), konnte darum kaum durch ein abschließendes Dokument direkt Einfluß auf sie ausüben; sie veröffentlichte zunächst auch gar keins. Es war Paul VI. vorbehalten, die Arbeiten der Synode in einer persönlichen Synthese aufzugreifen. Das geschah in dem apostolischen Schreiben Evangelii nuntiandi (EN), das aber erst 1975 erschien. Jedoch waren die von der Synode besonders betonten Punkte auch schon weithin bekannt, als die Synode noch tagte. – Es waren die, welche Paul VI. dann zusammenstellte.

Den ersten Platz unter den Hauptsorgen der Kirche nahm zunächst einmal die Frage der Befreiung ein. Paul VI. schreibt: „Es ist bekannt, mit welchen Worten auf der letzten Synode zahlreiche Bischöfe aus allen Kontinenten, vor allem die Bischöfe der dritten Welt, mit einem pastoralen Akzent gerade über die Botschaft der Befreiung gesprochen haben, wobei die Stimme von Millionen von Söhnen und Töchtern der Kirche, die jene Völker bilden, miterklungen ist. Völker, wie wir wissen, die sich mit all ihren Kräften dafür einsetzen und kämpfen, daß all das überwunden wird, was sie dazu verurteilt, am Rande des Lebens zu bleiben: Hunger, chronische Krankheiten, Analphabetismus, Pauperismus, Ungerechtigkeiten in den internationalen Beziehungen und besonders im Handel, Situationen eines wirtschaftlichen und kulturellen Neokolonialismus, der mitunter ebenso grausam ist wie der alte politische Kolonialismus." (EN 30) Hier griff die Synode ausdrücklich das Thema der Befreiung auf. Sie stellte es als Befreiung von Unterdrückung von unwürdigen Lebenssituationen und von Ungerechtigkeiten in den Rahmen der Grundanliegen des christlichen Glaubens und der christlichen Spiritualität hin. Paul VI. drückte das dann so aus: „Zwischen Evangelisierung und menschlicher Förderung – Entwicklung und Befreiung – bestehen in der Tat enge Verbindungen: Verbindungen anthropologischer Natur, denn der Mensch, dem die Frohbotschaft gilt, ist kein abstraktes Wesen, sondern sozialen und wirtschaftlichen Problemen unterworfen; Verbindungen theologischer Natur, da man ja den Schöpfungsplan nicht vom Erlösungsplan trennen kann, der hineinreicht bis in die ganz konkreten Situationen des Unrechts, das es zu bekämpfen, und der Gerechtigkeit, die es wiederherzustellen gilt. Verbindungen schließlich jener ausgesprochen biblischen Ordnung, nämlich der der Liebe: Wie könnte man in der Tat das neue Gebot verkünden, ohne in der Gerechtigkeit und im wahren Frieden das echte Wachstum des Menschen zu fördern?" (EN, 31)

Aber die Synode hatte auch, und das ist der 3. wichtige Punkt, bereits ihre Beunruhigung darüber geäußert, daß einige die Tendenz hätten, das christliche Heil auf die Befreiung in dieser Welt oder auf „politische und soziale Initiativen" zu verkürzen. „Wenn es aber so wäre", schließt Paul VI., „würde die Kirche ihre grundlegende Bedeutung verlieren. Ihre Botschaft der Befreiung hätte keine Originalität mehr und würde leicht von ideologischen Systemen und politischen Parteien in Beschlag genommen und manipuliert. Sie hätte keine Autorität mehr, gleichsam von Gott her die Befreiung zu verkünden." (EN, 32)

„Die Kirche", so fügt Paul VI. hinzu, „verbindet die menschliche Befreiung und das Heil in Jesus Christus eng miteinander, ohne sie jedoch jemals gleichzusetzen, denn sie weiß aufgrund der Offenbarung, der geschichtlichen Erfahrung und durch theologische Reflexion, daß nicht jeder Begriff zwingend schlüssig und vereinbar ist mit einer biblischen Sicht des Menschen, der Dinge und der Ereignisse; daß es für die Ankunft des Reiches Gottes nicht genügt, die Befreiung herbeizuführen sowie Wohlstand und Fortschritt zu verwirklichen." (EN, 35) Kurz, das Wort „Befreiung", wie es „die Ideologien, die politischen Systeme und Gruppen" benutzen, birgt „Zweideutigkeit" in sich. Der Christ sollte als Christ das Wort nur so benutzen, daß es auch seine ganze religiöse Bedeutung behält. „Die

Befreiung, die das Evangelium verkündet und vorbereitet, ist jene, die Christus selbst dem Menschen durch sein Opfer verkündet und geschenkt hat." (EN, 38) Noch einmal, diese Sätze Paul VI. sind streng genommen erst nach der 32. Generalkongregation der Jesuiten und nach der Abfassung ihres 4. Dekretes über den Dienst am Glauben und den Einsatz für die Gerechtigkeit veröffentlicht worden. Dies Dokument behandelt im übrigen ausführlicher das Thema „Einsatz für die Gerechtigkeit" als das Thema der Befreiung, aber die Befreiung ist auch angesprochen. In jedem Falle steht fest, die Mitglieder der 32. Generalkongregation, die im Dezember des Jahres 1974 zusammenkamen, erhielten nicht wenige Anregungen aus den Debatten der Synode über die Evangelisierung, die in den Monaten September und Oktober desselben Jahres abgehalten worden war.

Entscheidende Jahre

Wenn wir diese ganze Zeit neu überblicken, kommen wir nicht umhin, den originellen Charakter, den die Jahre 1968–1974 in der ganzen Kirche haben, zu unterstreichen: sie waren beladen mit einer neuen Problematik, die darüber hinaus ausgegangen war vom 2. Vatikanischen Konzil und von seinem Wunsch, das Christentum tiefer in das konkrete Leben der Menschen und der Völker einzufügen. So kam sehr bald eine Kristallisation zustande, die sich um das Wort „Gerechtigkeit" und um das Thema der Befreiung von Ungerechtigkeit konzentrierte. Zur gleichen Zeit war man aufgefordert, sich aufs neue über die Beziehungen aller Aktivitäten des Menschen – vor allem über den Einsatz für die menschliche Förderung, wo ja der Kampf für die Gerechtigkeit stattfindet – zum Reiche Gottes zu befragen. Und in ähnlicher Weise sollten Überlegungen über die Beziehung zwischen dem Einsatz für die Gerechtigkeit und dem Dienst am Evangelium, das heißt der eigentlichen Aufgabe und Sendung der evangelisierenden Kirche, angestellt werden.

Hat es wohl je in der Geschichte unter den Christen, unter den Theologen und in der ganzen Kirche eine derartig konzentrierte Aufmerksamkeit gegeben, die sich auf das Profane selbst, auf die Politik und das Soziale, auf die Ungerechtigkeit und auf die Gerechtigkeit richtete? Das ging nicht ohne die Gefahr von Abweichungen und nicht ohne tatsächliche Fehltritte, aber es lag darin der Vorteil, daß mehr als je zur Integrierung der sozialen Existenz mit dem Glauben und der christlichen Existenz getan werden konnte. Aus dieser Zeit bleibt für viele die Vorstellung von Tumult in Erinnerung, aber man sollte dabei die Vitalität nicht vergessen, die aus dem Evangelium kam: diesen starken Wunsch, sein Leben in Übereinstimmung mit dem Glauben zu führen; der Wunsch, die menschliche Gesellschaft durch die Frische des Evangeliums zu erneuern, und der Wille, mit dem Schwung christlicher Jugendlichkeit sich von der Schwerfälligkeit einer zu häufigen Gewöhnung an die Situationen der Ungerechtigkeit frei zu machen.

In diese Situation nun war die 32. Generalkongregation der Jesuiten gestellt: es war eine beratende Versammlung des größten Ordens unter den apostolischen Orden der Kirche, die sich direkt mit den Fragen zu befassen hatte, die, wie wir oben sahen, neu auftraten und die darüber hinaus den Erwartungen gegenüber, die diese Fragen mit sich brachten, äußerst sensibel war, weil ihre Mitglieder auf sehr verschiedenen Sektoren der Pastoral und fast überall auf der Erde arbeiten. Welche Stellung würde diese Versammlung inmitten dieser Tendenzen und dieser neuen Probleme einnehmen? Diese Frage war wichtig, sogar für die ganze Kirche. Die Gesellschaft Jesu antwortete in der Tat darauf, und zwar mit dem 4. Dekret der 32. Generalkongregation, mit dem wir uns im folgenden beschäftigen. Dennoch, bevor wir es direkt erörtern, wird es ohne Zweifel von Nutzen sein, noch zu erfahren, in welchem besonderen Zusammenhang, diesmal in der Gesellschaft Jesu, das 4. Dekret erschien: so wird das nächste Kapitel diesen Zusammenhang zu klären versuchen, es wird im wesentlichen den Ursprung des Dokuments erörtern.

Anmerkungen

1 Dies Zitat und die folgenden sind aus der Schrift: „Les libérations des hommes et le salut en Jésus-Christ" (Die Befreiungen der Menschen und das Heil in Jesus Christus) genommen. Es sind Reflexionen, die nach der Pastoraltagung des Jahres 1974 vom ständigen Rat des französischen Episkopats vorgelegt wurden. Hrsg.: Le Centurion, Paris, 1974.

2 Die wichtigsten Texte für die Vorbereitung sind zu finden in: Bartoletti, Colombo, Martini, Salimei, Sorge, Evangelizzazione e promozione umana. Riflessione biblico-teologico-pastorale. Verlag AVE, Rom, 1976.

2. Kapitel

Entstehung des 4. Dekrets

1965 war das letzte Jahr des 2. Vatikanischen Konzils. Es war das Jahr, in dem über einige der wichtigsten seiner Dokumente abgestimmt wurde: im besonderen trifft das zu für „Die Erklärung über die Religionsfreiheit" und für „Die pastorale Konstitution über die Kirche in der Welt von heute (Gaudium et spes)". Auch für die Gesellschaft Jesu war das Jahr 1965 ein wichtiges Jahr: hier wurde nämlich ein neuer Generaloberer gewählt. Ein langes Generalat, das gleich nach dem Ende des Zweiten Weltkrieges (1946) begann, ging mit dem Tode Johannes Baptist Janssens zu Ende, der im Herbst des Jahres 1964 starb.

Die Generalkongregation, die 31. in der Gesellschaft Jesu, welche für diese Wahl einberufen wurde, hatte, da ja das Konzil im Gange war und ganz allgemein es in der geistigen und geistlichen Welt brodelte, ein umfangreiches Programm an Reformen und Orientierungen zu bewältigen. Sie verwandte zwei Sessionen darauf, jede dauerte etwa zwei und einen halben Monat. Die erste begann am Ende des Frühjahrs 1965 und dauerte bis in den Sommer, die zweite währte von September 1966 bis in den Monat November, etwa ein Jahr nach dem Abschluß des Konzils.

Über die Generalkongregation ist zunächst einmal zu sagen, daß sie viel Aufmerksamkeit auf die Arbeiten der Jesuiten zu richten hatte, auf ihr Apostolat, auf die Ausrichtung der Arbeiten und auf die Richtlinien für das Apostolat. Im Verlauf der Kongregation wurden 16 Dekrete verabschiedet, die einen länger, die anderen weniger lang, alle befaßten sich aber mit dem Apostolat und seinen verschiedenen Aspekten oder Gebieten. Darin ist ein bestimmtes Dekret noch nicht einmal eingeschlossen, das aber doch äußerst wichtig ist. Es war das Schreiben, welches den Auftrag des Papstes an die Gesellschaft enthält, sich mit ganzer Kraft zu bemühen, dem Atheismus entgegenzutreten.

Im Rahmen dieses großen Zusammenhanges, wo es ebenso um das Apostolat unter Akademikern und Wissenschaftlern ging wie um das Apostolat in der Erziehung, um das Bemühen um geistliche Formung ebenso wie um das Apostolat mit Hilfe der Kommunikationsmittel (Massenmedien), um den Ökumenismus ebenso wie um die Dienste in den Missionen, und im wohl verstandenen Sinne auch um den Versuch einer Annäherung an die Nicht-Glaubenden. In diesem Rahmen hatte die 31. Generalkongregation auch vom sozialen Apostolat gesprochen. Das zeigt schon, daß dafür nicht eigentlich ein besonderer Platz vorgesehen war. Man suchte vor allem, ihm eine passende Definition zu geben. Es ist nicht zu übersehen, daß man, und das war nicht unbedeutend, deutlich auf das Gewicht der „sozialen Strukturen" hinwies, die „täglich einen sehr großen Einfluß auf das Leben der Menschen ausüben, nicht zuletzt auch auf ihr moralisches und religiöses Leben": So war das Problem der Evangelisation der Strukturen schon deutlich in die Diskussion gebracht.

Im Dekret über das soziale Apostolat hieß es: „Das soziale Apostolat befaßt sich dagegen unmittelbar damit, die Strukturen des menschlichen Zusammenlebens selbst, soweit wie möglich, mit dem Geist der Gerechtigkeit und Liebe zu durchdringen, damit jeder Mensch auf allen Gebieten des öffentlichen und privaten Lebens nach bestem Können teilnehmen, sich betätigen und Verantwortung übernehmen kann." (31. GC, S. 147)

Die Evangelisation der Strukturen würde also bewirken, daß sie zum einen belebt, zum anderen aber auch umgeformt würden, obgleich der Begriff ‚Umformung' nicht verwandt worden ist.

Die 31. Generalkongregation sprach in diesem Sinne mit Scharfsinn und Tiefe vom sozialen Apostolat. Aber sie sprach davon in einer Weise, die das soziale Apostolat als einen besonderen Sektor in der Arbeit behandelt. Die Richtlinien, die die 31. Generalkongregation gab, spiegeln sich ganz und gar in der Sammlung der Anweisungen wider, die zu diesem Thema von Pater Johannes-Baptist Janssens, dem kurze Zeit vorher verschiedenen Generalobern, gegeben worden waren. Er war ein sehr kraftvoller Promotor des sozialen Apostolats, und er setzte sich überall in der Gesellschaft Jesu dafür ein, daß Zentren geschaffen wurden für die Erforschung sozialer Fragen und für soziale Aktionen. Es gelang ihm nicht mehr, seinen Wunsch, in jeder Provinz ein Zentrum dieser Art einzurichten, ganz durchzuführen, aber zur Zeit seines Sterbens waren weit über zwanzig bereits an der Arbeit.

Die ersten Weisungen von Pater Arrupe

Der neue Generalobere, Pater Pedro Arrupe, der im Jahre 1965 gewählt wurde, richtete sich schon bald darauf aus, die Gedanken auszubauen, die später die Wesenszüge des 4. Dekrets werden sollten. Aber das geschah noch nicht sofort. In der Tat, am Anfang hielt er sich an den Ton und die Sprechweise der 31. Generalkongregation, die wir oben dargestellt haben. Auch er scheint zunächst das soziale Apostolat als einen klar abgetrennten speziellen Sektor zu behandeln. Aber für diesen Sektor zeigt er schon früh ein lebhaftes Interesse. Das läßt sich an einer Botschaft erkennen, die er am 24. Juli 1966 an alle Zentren von Lateinamerika richtet, die sich mit der Erforschung sozialer Probleme und mit sozialer Aktion befassen.

Jedoch schon ein wenig später in demselben Jahre 1966 kann man feststellen, daß Pater Arrupe seine Aufmerksamkeit auf ein breiteres soziales Engagement

24

ausrichtet, ein Engagement, das alle Formen des Apostolats in der Gesellschaft Jesu berühren sollte.

In einem Brief, den er am 12. Dezember 1966 an die Provinziäle von Lateinamerika sandte, schrieb er: „Wir müssen uns darüber im klaren sein, daß die sozio-ökonomischen Strukturen wegen ihrer gegenseitigen Abhängigkeit wie ein Block oder wie ein weltumfassendes soziales System vor uns stehen. Gewisse grundlegende Strukturen, die heute existieren, sind völlig unzureichend für die Herstellung einer gerechten sozialen Ordnung, und sie bringen es mit sich, daß das (soziale) System der ganzen Erde, wie es heute existiert, der Lehre des Evangeliums widerspricht. Daraus folgt nun für die Gesellschaft Jesu die moralische Verpflichtung, alle ihre Dienste und alle Formen ihres Apostolats neu zu überdenken und zu sehen, ob sie auch wirklich noch den Forderungen und Prioritäten der Gerechtigkeit und der sozialen Gleichheit entsprechen. Selbst ein Apostolat wie das der Erziehung, auf all ihren Stufen, das von der Gesellschaft mit so edlen Zielen geplant und dessen Wichtigkeit allen offenkundig ist, muß im Lichte der Forderungen, die aus den sozialen Problemen erwachsen, in allen seinen konkreten Formen von heute einer Prüfung unterzogen werden."

Eine ähnliche Überlegung müsse, so sagte Pater Arrupe, auf „alle apostolischen Dienste in Lateinamerika" ausgedehnt werden.

In derselben Weise schrieb er am 1. November 1967 an die Jesuiten der Vereinigten Staaten. Er erörtert da den Kampf gegen die Rassendiskriminierung als etwas, das in alle Formen des Apostolats hineinreichen müsse, die in diesem Lande von der Gesellschaft Jesu übernommen worden seien. Am 2. April 1968 sprach er in einer Versammlung „von den Missionen und der sozialen Entwicklung". Als er im Januar 1970 die englische Provinz besuchte, sprach er über das Problem der Unterprivilegierten (der Rechtlosen, der vom Recht wenig Geschützten). Im Mai desselben Jahres hielt er vor den spanischen Jesuiten einen wichtigen Vortrag, den er ganz „dem sozialen Engagement der Gesellschaft" widmete. Umgekehrt ist allerdings auch wahr, daß Pater Arrupe im Jahre 1970, als er vor der Kongregation der Prokuratoren sprach (einer Versammlung von Vertretern aller Provinzen, die zwischen den Generalkongregationen einberufen wird), auch sagte, daß das Sozialapostolat eher sektoriell (auf verschiedenen Gebieten unterschiedlich) vorangetrieben werden müsse als integrierend.

Zur Frage der Gerechtigkeit nahm er auf der Synode von 1971 in ganz bedeutender Weise Stellung. Diese Synode verabschiedete das Dokument „Gerechtigkeit in der Welt", von dem wir schon im vorigen Kapitel sprachen. Im Gestühl der Synode schrieb Pater Arrupe dann eine ganze Broschüre mit dem Titel „Zeugnis geben für die Gerechtigkeit", da er von der päpstlichen Kommission für Gerechtigkeit und Frieden um so eine Schrift gebeten worden war. Diese Broschüre wurde im Jahre 1972 veröffentlicht. Es ist eine umfassende Darstellung verschiedener

Formen der Aktion für die Gerechtigkeit im Gesamtwerk der Evangelisation der Kirche. So hob sich mehr und mehr unter den apostolischen Interessen des Generalobern der Gesellschaft die Sorge für die Verbreitung der Gerechtigkeit deutlich ab, ohne irgendwie ausschließlich zu werden.

Aus dem folgenden Jahr, dem Jahr 1973, muß die Ansprache an die früheren Schüler der Gesellschaft Jesu genannt werden, die sich zu einem Kongreß in Valencia (Spanien) versammelt hatten. Sie stand unter dem Thema: „Menschen für andere". Die Botschaft war kraftvoll vorgetragen, und einige der Zuhörer konnten seine Worte nur schwer ertragen, darunter auch der Präsident, der daraufhin seinen Posten niederlegte. „Das System der Erziehung, das jetzt in der Welt besteht", hatte Pater Arrupe gesagt, „sowohl die Schulen als auch andere soziale Kommunikationsmittel, bilden die Menschen nicht so, daß sie Sinn für soziale Probleme haben. . . . Aber wir Jesuiten, haben wir euch zur Gerechtigkeit hin erzogen? Und ihr, die ihr früher auf unseren Schulen ward, seid ihr zur Gerechtigkeit hin erzogen worden? Wenn wir dem Wort ‚Gerechtigkeit‘ und dem Ausdruck ‚zur Gerechtigkeit erziehen‘ die Bedeutung geben, die sie heute mehr und mehr in der Kirche annehmen, dann glaube ich, in Aufrichtigkeit und Demut uns selbst antworten zu müssen: Nein, wir haben euch nicht zur Gerechtigkeit erzogen. Und ich glaube, daß auch ihr mit derselben Aufrichtigkeit und Demut zugeben müßt, daß ihr nicht vorbereitet worden seid, für die Gerechtigkeit in einer Weise einzutreten oder Zeugen der Gerechtigkeit zu sein, wie die Kirche es heute von uns erwartet." „Das heißt", so fügte er hinzu, „daß wir uns gemeinsam an die Arbeit machen müssen, diese Lücke zu füllen und der Erziehung, die an unseren Schulen geboten wird, einen Standard zu geben, der den Forderungen der Gerechtigkeit in der heutigen Welt entspricht. Das wird nicht leicht sein, aber es wird uns gelingen."

Mit dem Jahr 1973 nähern wir uns in der Tat schon der 32. Generalkongregation, die im Dezember des Jahres 1974 zusammentrat. Es wird in jedem Falle genügen, uns die folgenden Interventionen von Pater Arrupe in Erinnerung zu rufen, um verständlich zu machen, welchen Einfluß seine Persönlichkeit und seine Richtlinien hatten. Denn er selbst gab der Gesellschaft Weisungen in bezug auf die Debatten und in bezug auf die Schlußfolgerungen dieser Generalkongregation, und das trifft in besonderer Weise hinsichtlich des 4. Dekrets zu.

Die Frage der Gerechtigkeit in der Vorbereitung auf die 32. Generalkongregation

Gewiß, an dieser Stelle sollte auch noch eine Bemerkung gemacht werden, die dem bisher Gesagten etwas zu widersprechen scheint: Die Vorbereitung der 32. Generalkongregation zog sich lange hin, sie bestand aus einer Reihe beratender Versammlungen, die schon 1971 begannen und sich bis 1973 fortsetzten, aber diese

Vorbereitung wies noch nicht wirklich auf das 4. Dekret hin. Es wird darum der Mühe wert sein, sich die Atmosphäre in Erinnerung zu rufen, die die ersten Etappen in der Vorbereitung kennzeichnen. So können wir den Augenblick zeigen, in dem die Wandlung eintrat und wie der Ton sich änderte, der dann schließlich zu der für diese Kongregation charakteristische Grundentscheidung (Option) führte.

Die Vorbereitungen begannen im Jahr 1971. Zunächst wurde ein Dokument an die Provinzen verschickt, in dem „die Themen" zusammengestellt worden waren, „die von der nächsten Generalkongregation behandelt werden soll(t)en". Es waren Themen, die einmal von Versammlungen auf Provinzebene (Provinzkongregationen) zusammengetragen worden waren, und zum anderen von der Kongregation der Prokuratoren, von der wir schon gesprochen haben, die im Jahre 1970 stattfand. In diesem Dokument vom Jahre 1971 gibt es im Zusammenhang mit unserem Thema nur eine einzige Anspielung auf das soziale Apostolat. Und in bezug auf das Apostolat insgesamt findet man nur den ganz allgemeinen Wunsch: „Es geht darum, heute den apostolischen Dienst der Gesellschaft besser zu bestimmen, denn wir befinden uns in einer säkularisierten Welt und in einer Welt, die den Spannungen zwischen Entwicklung und Unterentwicklung ausgesetzt ist."

Im Jahre 1972 traten 6 Arbeitsgruppen in verschiedenen Teilen der Welt zusammen (Nordamerika, Ostasien, Brasilien, Indien, Westeuropa, Südeuropa), um die „Vorschläge" in bezug auf „den apostolischen Dienst der Gesellschaft heute" vorzubereiten. (Ähnliche Gruppen sollten sich eigentlich in Afrika und Osteuropa zusammenfinden, das gelang aber nicht.)

Die Frage der Ungerechtigkeit erschien unter den „wichtigeren Punkten, die bei den Überlegungen zum Apostolat besondere Aufmerksamkeit verdienen" in den Aufzeichnungen von drei Gruppen aus den sechs. So sah nach dem Bericht über die Gesamtheit aller „Vorschläge" die Gruppe von Indien „in den erbärmlichen und ungerechten Bedingungen, unter denen große Teile der Menschheit zu leben haben, die in der Tat der wesentlichen Menschenrechte beraubt sind, die Besonderheit, die in der Welt von heute am meisten in die Augen springt." Es sei darum „unmöglich, daß ein Jesuit, ob er nun im sozialen Apostolat steht oder nicht, dieses Problem nicht zum Gegenstand seines Gebetes und seiner beständigen Sorge mache." Diese Gruppe bestand darauf, daß „die Gesellschaft dazu gegründet sei, Antwort auf die größten Nöte der Zeit zu geben".

Am Ende des Textes schlägt die Gruppe von Indien vor, folgende zwei Punkte von der ganzen Gesellschaft prüfen zu lassen:

„a) Zunächst einmal und vor allem muß unser Leben eine Herausforderung sein für alle sozialen Gegebenheiten, die von der Sünde gezeichnet sind, sowohl in unserer eigenen Kirche als auch in ihrer Umgebung. Und wir müssen unseren Brüdern und Schwestern die Sicherheit geben, daß wir mit den

Kräften und Strukturen, die die Sünde in unserer Gesellschaft verewigen, nicht in Verbindung stehen.

b) Außerdem müssen wir mit Klugheit, aber nicht weniger auch mit Mut, das Knäuel der versteckten Formen der Sünde entwirren, die da an der Wurzel der gegenwärtigen sozialen Ungerechtigkeiten zu finden sind. Sie fordern im Namen Gottes nicht nur Linderungsmittel in der Form von sozialer Unterstützung, sondern eine grundlegende und schnelle Umwandlung durch eine gewaltlose soziale Revolution. Es ist ein Teil der Rolle der Gesellschaft, im Kampf der Menschen gegen die Formen der Sünde, die sie versklaven, ein Instrument der Vermittlung und der Katalyse zu sein."

Die ostasiatische Arbeitsgruppe betonte: „Ungerechtigkeiten abbauen, von Unterdrückung befreien, die Menschen lehren, ihre Kräfte positiven Zielen zuwenden, all das sei Predigt durch Wort und Tat vom Reiche Gottes auf Erden. Die heute sichtbare Spaltung in der Gesellschaft, wo Mensch gegen Mensch, soziale Klasse gegen soziale Klasse und Nation gegen Nation steht, weist darauf hin, daß dieses Apostolat der Versöhnung etwas sehr Notwendiges ist. Alle, die diesen Weg der Entwicklung des Menschen betreten, werden notwendigerweise auch in sich selbst die Kräfte bekämpfen müssen, die uns in die Versuchung führen, im Kampf gegen die Übel der Gesellschaft eher den Haß einzusetzen als die Liebe."

Von Brasilien schließlich kommen die folgenden Vorschläge:

„a) In der Frage der Befreiung von Sklaverei müssen wir Stellung beziehen, sei es, daß es um die Sklaverei durch übermäßige Wohlhabenheit geht, sei es, daß es sich um die durch Abhängigkeit handelt. Nur wenn wir ganz allgemein all unsere Kräfte mobilisieren und für die am meisten Verarmten einsetzen, werden wir den Ruf einer beweglichen Avant-garde in der Kirche wiedergewinnen können.

b) Der größte Teil des Volkes Gottes befindet sich in einer Situation äußerster Not: wir müssen darum den Einsatz und die Verteilung unserer Kräfte neu bedenken; denn der größte Teil der Jesuiten steht heute im Dienste der Minderheit, die dieser Dienste am wenigsten bedarf."

Die Ähnlichkeit dieser Äußerungen von Besorgnissen war bedeutungsvoll. Neben diesen Äußerungen legte man jedoch in den Dokumenten von 1972 auch noch viele andere wichtige Punkte vor, die ganz genauso die Aufmerksamkeit auf apostolische Überlegungen lenkten: „Der Unglaube und die brennende geistliche Not großer Teile der Menschen", das sind die Probleme, die zwei Arbeitsgruppen zufolge am schwerwiegendsten sind. „Die Sehnsucht nach Einheit, besonders unter den Christen (Ökumenismus)", dies sahen drei Gruppen als wichtig an. „Die Beziehung zwischen Mission und dem Dialog über den Glauben mit Menschen der nicht-christlichen Religionen" wurde ebenfalls von drei Gruppen als wichtig herausgestellt.

Andererseits ging aus den Meinungen aller Gruppen, die aus der ganzen Welt zusammenkamen, das folgende Gesamturteil hervor: „Wir brauchen heute keine weiteren allgemeinen Richtlinien und auch keine Empfehlungen besonderer Apostolatsformen. Es sollte uns vor allem darum gehen, eine Erneuerung anzustreben, die die apostolischen Aufgaben der Gesellschaft auf allen Ebenen einer authentischen geistlichen Beurteilung unterzieht, dabei muß den Veränderungen und den neuen Sorgen in der Welt ganz lebendige Aufmerksamkeit entgegengebracht werden." Man war damit jedoch noch weit von der für das 4. Dekret so charakteristischen Option entfernt, selbst wenn sie in den Gedanken mehrerer Gruppen, vor allem in denen der 3. Welt, schon sichtbar wurde: es war die Bemühung darum, den Fragen einen wichtigen Platz einzuräumen, die durch die Ungerechtigkeiten, die Unterdrückungen und die verschiedenen „Versklavungen" entstehen, denen so viele Menschen unterworfen sind.

Der Anruf dazu, daß der Gerechtigkeit mehr Aufmerksamkeit zu schenken sei, hat nichts desto weniger auch schon einen wichtigen Platz im Gesamt der „Vorschläge" eingenommen, die aus den Beratungen von etwa zwanzig Gruppen hervorgingen. Sie waren den oben erwähnten analog und wurden im Jahre 1972 an alle Jesuiten zur Diskussion versandt. Eine weitere sehr wichtige Tatsache ist es, daß der Vorschlag in bezug auf die Ungerechtigkeit und in bezug auf den Kampf gegen die Ungerechtigkeiten nicht unter denen war, auf die in diesem Augenblick die größte Aufmerksamkeit gerichtet wurde. In dieser Frage bringt die Synthese der Berichte aus den Provinzen, die im Juni 1973 herauskam, einerseits eine Zustimmung, die jedoch mit dem Wunsch verbunden ist, konkretere und funktionellere Vorschläge zu machen (damit man nicht bei einem „recht schönen aber unwirksamen Ideal" bleibe), andererseits aber auch eine klar widersprechende Meinung. „Eine Minorität, die aber gar nicht zu übersehen sei", so heißt es dort, „fordere sogar nicht einmal eine Betonung des Vorschlags, sie kritisiere ihn sogar, weil sie in ihm die Gefahr sieht, unser Apostolat in einen bloßen Humanismus und sozialen Aktivismus umzuformen. Sie finde darin den ‚Geruch von Demagogie und Marxismus'. Wir sollten mehr Priester sein als ‚Soziologen'. . . . Die Generalkongregation müsse erklären, daß es keine reine und einfache Identität gäbe zwischen der Arbeit für das Reich Gottes oder dem Apostolat der Gesellschaft in der Kirche auf der einen Seite und den Kampf gegen die Armut und gegen die Ungerechtigkeit in der Welt auf der anderen Seite. . . . Das Evangelium ist Hinwendung zum Vater . . . und nicht zur Soziologie. Jesuiten, wendet euch wieder dem Evangelium zu!" Das sind polemische Aussagen, die aber schon darauf hinweisen, daß nach der Generalkongregation andere folgen würden. Wie auch immer man es sehen mag, die lange Vorbereitung der Kongregation ließ nicht wirklich vorausahnen, daß ein Dokument wie das 4. Dekret verabschiedet werden würde.

Anträge der Provinzen vor der Kongregation

Anders war der Verlauf bei den Vorbereitungen kurz vor der Kongregation, das heißt seit die „Postulate" oder Anträge aus den Provinzkongregationen, die der Generalkongregation vorausgingen, im Frühjahr des Jahres 1974 zusammengetragen wurden. Bei diesen Postulaten handelte es sich nicht mehr um Antworten oder Kommentare zum Inhalt der Dokumente („Vorschläge"), die von der vorbereitenden Kommission versandt worden waren. Die Initiative war ganz und gar an der Basis in den Provinzen.

Es lag eine ziemlich große Zahl von Postulaten vor, die das Apostolat betrafen, aber unter ihnen fanden sich verhältnismäßig viele, in denen es nicht so sehr um das „soziale Apostolat" ging, obwohl man auch davon sprach, als viel mehr um „das soziale Engagement" der ganzen Gesellschaft, um die „Sorge für die Armen", um die „Priorität", ihre Lebensweise zu kennen, und vor allem um eine „Option (Grundentscheidung) der Gesellschaft für die Verbreitung der Gerechtigkeit".

Hier einige Beispiele davon, wie zahlreiche Anträge diese Forderung in die Zusammenfassung einschlossen: „Die Generalkongregation sollte von Beginn ihrer Arbeit an deutlich machen, daß die Gesellschaft eine Grundentscheidung zur Verbreitung der sozialen Gerechtigkeit auf internationaler Ebene hat, damit alle ihre Überlegungen in bezug auf unser Leben oder unsere apostolische Sendung von dieser Grundentscheidung inspiriert werden." Ferner: „Die Generalkongregation sollte entscheiden und Pater General darum bitten, die Entscheidung durchzuführen, daß für die ganze Gesellschaft ein Programm entworfen werde, nach dem sie sich im Hinblick auf die soziale und internationale Gerechtigkeit überprüfen solle." Es sollte eine „internationale Aktion" eingeschlossen sein, zu der, wie man glaubte, die Gesellschaft „ganz besonders geeignet" sei. Mehr im einzelnen rief man auf zu Aktionen, „die die Strukturen verändern könnten", und zum Zeugnis für die Gerechtigkeit, was durch beispielhafte Lebensweise, durch Solidarität mit den Armen und den Opfern der Ungerechtigkeit, durch „soziale Verantwortlichkeit" im Gebrauch und in der Verwaltung der Güter sowie der Ressourcen der Gesellschaft selbst und vor allem bei der Investierung der Kapitalien zum Ausdruck kommen könne.

Ein beispielhaftes Apostolat

Der Leser hat gewiß bemerkt, daß vorher zweimal der Ausdruck „internationale Gerechtigkeit" neben die soziale Gerechtigkeit gestellt wurde. Das ist eine Akzentsetzung, die sich im 4. Dekret kaum wiederfindet. In der Tat, wenn die Frage der internationalen Gerechtigkeit in den Postulaten von 1974 so häufig aufgeworfen wurde, dann geschah das ohne Zweifel nicht deswegen, weil viele Jesuiten einen besonders starken Wunsch gehabt hätten, diese Dimension der Gerechtigkeit herauszustellen, sondern vielmehr, weil man sich häufig von einem Text inspirieren ließ, der vor den Provinzkongregationen als ein Modellpostulat von Mexiko ausgehend in verschiedenen Sprachen weithin Verbreitung fand: dieser Text behandelte ausdrücklich „die Rolle, die die Gesellschaft in Beziehung zur internationalen Gerechtigkeit hat". Dieses Modell wurde immer wieder aufgegriffen, zwar mit vielen Veränderungen versehen, aber die Erwähnung der „internationalen" Gerechtigkeit nahm einen beachtlichen Platz ein in ziemlich vielen Postulaten über den Einsatz für die Gerechtigkeit.

Das Modellpostulat, das unter dem Datum des 20. Januar 1974 verschickt worden war, ist ein sehr umfangreiches Dokument: 64 Seiten lang in der französischen Version, hinzukommt ein Anhang mit genauen Statistiken. Aber wenn wir das Resümee der Postulate, die von der Generalkongregation empfangen und oben vorgestellt wurden, mit dem Text der direkten Vorschläge vergleichen, die in dem Postulat von Mexiko enthalten sind, können wir den Einfluß, den es hatte, abschätzen. In der Tat finden sich dort folgende Vorschläge:

„1. Die Generalkongregation soll gleich am Anfang ihrer Arbeit klar festlegen, welche Grundhaltung (Option) die Gesellschaft angesichts der Probleme der internationalen Gerechtigkeit hat. Sie soll so gestaltet sein, daß alle Überlegungen der Kongregation, die sie über unser Leben und über unsere apostolische Sendung in der Welt von heute anstellt, im Lichte dieser Grundentscheidung vorgenommen werden.

 2. Die Kongregation soll ein Programm aufstellen und Pater General darum bitten, es in die Praxis umzusetzen. Und es müßten alle Mitglieder der Gesellschaft aufgerufen werden, sich mit den Problemen der internationalen Gerechtigkeit zu beschäftigen. "

Die Kongregation selbst engagierte sich

Man hat mehrere Male darauf hingewiesen, daß die 32. Generalkongregation in der Frage des Apostolats durch die Postulate, die aus den Provinzen kamen, inspiriert und vorwärts getrieben wurde. Diese Postulate, so sagt die Kongregation selbst, haben dazu beigetragen, daß sie ihren Blick auf „die gesamte Welt mit den vielen, verschiedenartigen Völkern" (Anm. 1) richtete. Es sind Worte, die aus den geistlichen Übungen stammen, aus der Stelle, wo der heilige Ignatius unseren Blick auf die drei Personen der Dreifaltigkeit richtet, wie sie auf die Menschheit schauen und sich entschließen, den Sohn zur Erlösung zu senden. Ebenso erklärte die Kongregation: „Von überall her haben die Jesuiten gefordert, daß die 32. Generalkongregation klare Grundentscheidungen treffe und eindeutige Richtlinien für unseren Auftrag von heute erlasse." (Anm. 2) Noch eingehender äußert sich die Kongregation zu diesem Thema, wo sie sagt: „Aus allen Teilen der Welt, wo Jesuiten arbeiten, sind auffallend übereinstimmende und eindringliche Postulate gekommen mit der Forderung, daß sich die Gesellschaft Jesu durch eine klare Grundentscheidung der Generalkongregation entschieden für die Sache der Gerechtigkeit engagiere." (Anm. 3) Das ist ganz unbezweifelbar ein Resultat des Modellpostulats aus Mexiko und zahlreicher anderer Postulate für die Verbreitung der Gerechtigkeit, die mehr oder weniger dadurch ins Leben gerufen wurden.

Aber es war dennoch zweifellos die Generalkongregation selbst, die sich einsetzte, und man kann leicht zeigen, wie weit noch die Postulate, die wir gerade oben zusammengefaßt haben, vom 4. Dekret entfernt waren, das am Ende der Kongregation erlassen wurde. Um nur einen einzigen Punkt hier anzudeuten: man muß darauf hinweisen, daß die Postulate vor allem auf die Einnahme eines Standpunktes abzielten, der eine Sehweise für die Behandlung der anderen Fragen bestimmen sollte. Darüber hinaus forderten sie kaum mehr als das Inkraftsetzen eines Programms, was aber erst nach der Kongregation geschehen sollte. Die 32. Kongregation ging in Wirklichkeit viel weiter, denn sie unternahm von sich aus direkt eine Reorientierung des Apostolats der Gesellschaft, indem sie dann allerdings von den Provinzen forderte, ihre Bemühungen auch später fortzusetzen und das Dekret auf die verschiedenen Situationen anzuwenden. (Anm. 4)

Wir haben schon darauf hingewiesen, daß noch ein anderer Unterschied vorliegt, nämlich daß die Sorge um die internationale Gerechtigkeit, die in den Postulaten so deutlich ausgeprägt auftritt, einen sehr viel bescheideneren Platz oder, wenn man so will, einen ausgewogeneren Platz im 4. Dekret gefunden hat. Schließlich vertiefte die Kongregation die aufgeworfenen Fragen auch noch ganz beträchtlich, sie fügte darum viel zu den Postulaten hinzu.

Schon zu Beginn ihrer Arbeit engagierte sie sich mit Nachdruck, zunächst einmal durch einige Abstimmungen über die Tagesordnung. In der Frage über die Reihenfolge, in der die etwa 40 verschiedenen Themen behandelt werden sollten, die in den Postulaten enthalten waren, entschied die Kongregation, daß die Fragen um die Verbreitung der Gerechtigkeit an die vierte Stelle kommen sollten. An die erste Stelle trat ein noch umfangreicheres Thema: „Unser apostolischer Dienst heute".

Beim nächsten Schritt ging die Kongregation jedoch noch weiter. Am Schluß der ersten Abstimmung wurden 6 Punkte als vorrangig herausgestellt, aber man schlug vor, auch unter diesen 6 Punkten noch einen Vorrang festzulegen, um eine Reihenfolge in der Behandlung zu haben. Einer der Anwesenden riet, zwei Themen zusammen an die erste Stelle zu setzen: „Unser apostolischer Dienst heute" und „Die Verbreitung der Gerechtigkeit". Die Kongregation nahm diesen

Vorschlag an, brachte aber so die Fragen um die Verbreitung der Gerechtigkeit in eine neue Form.

Auf diese Weise bestimmte die Kongregation in etwa schon die Umrisse seines Abschlußdokumentes: man würde über die Verbreitung der Gerechtigkeit und über das Gesamt des apostolischen Dienstes nicht getrennt sprechen. . . . Die innige Verbundenheit der beiden Themen war jedoch nicht etwas, das sogleich erreicht werden konnte. Zwei verschiedene Kommissionen wurden an die Arbeit gesetzt, die dann unabhängig voneinander ihre Schlußfolgerungen vorlegten. Und als man begann, die Hypothese einer Verschmelzung der beiden Themen zu betrachten, rieten einige Teilnehmer zu Zurückhaltung. Es schien ihnen ratsamer, die Verbreitung der Gerechtigkeit abgesondert als eine Dimension unseres Apostolats zu behandeln, sogar wie einen eigenen Sektor. Sie fürchteten, daß bei der Hypothese einer Verschmelzung der Themen das Thema der Verbreitung der Gerechtigkeit das ganze Feld (der Diskussion) einnehmen könnte und daß es vielleicht als das A und O (das Gesamte) des Apostolats von heute erschiene.

Tatsächlich meinten aber dennoch viele, es bestünde wohl die Gefahr der Wiederholung, wenn man einmal die Kriterien des Apostolats behandelte und dann unabhängig davon auf die Verbreitung der Gerechtigkeit eingehen wolle, vor allem wenn man über den Ort des Einsatzes für die Gerechtigkeit im Apostolat Überlegungen anstellte. Eine bestimmte Anzahl der Anwesenden kam so klar zu der Ansicht, der Einsatz für die Gerechtigkeit sei als ein wesentlicher Teil des gesamten Apostolats der Gesellschaft zu betrachten.

Ein mehr zufälliger Grund drängte schließlich auch noch zur Verschmelzung der Themen, es war die Tatsache, daß die Kommission, die sich mit den Kriterien des Apostolats der Jesuiten befaßte, mit der Breite und der Ungenauigkeit des Materials zu kämpfen hatte. Darum meinte man, der Schwierigkeit entgehen zu können, wenn alles, was die Sendung von heute beträfe, in einem Dokument zusammengefaßt würde. Schließlich entschied die Kongregation, den Ergebnissen der zwei Kommissionen, von denen wir gesprochen haben, auch die Ergebnisse einer dritten einzugliedern, die die Aufgabe hatte, die Idee „Sendung" und „Sendung der Gesellschaft als Ganzes" zu untersuchen.

Drei Überarbeitungen, zahlreiche Verbesserungen

Es folgten mehrere Berichte, mehrere Überarbeitungen, genau drei, wenn man die Verbesserungen an dem Text, der zur letzten Abstimmung kam, nicht zählt. Das Dokument war umfangreich, die Debatten dauerten lange, sie nahmen in der Tat einen großen Teil der Arbeiten der Kongregation ein.

Als man zur letzten Abstimmung schritt, bemühten sich diejenigen, die die Konsequenzen einer Verschmelzung der beiden Themen „Kriterien des Apostolats" und „Verbreitung der Gerechtigkeit" gefürchtet hatten, Verbesserungen anzubringen, die den Eindruck, die Verbreitung der Gerechtigkeit sei schon das ganze Apostolat der Jesuiten, wegräumen sollten. Sie hatten weitgehend Erfolg damit, so weit jedenfalls, daß das herausgegebene Dokument wirklich nicht mehr Grundlage für diesen Eindruck sein kann. Das zeigt uns aber auch, woher in der späteren Zeit, bei der Auslegung oder bei der Durchführung des Dekrets, Schwierigkeiten zu erwarten sind.

In bezug auf die Analyse der Situation in der Welt wie auch in bezug auf eine ganz allgemeine Beziehung zwischen Dienst am Glauben und Einsatz für die Gerechtigkeit bestand weitgehend Übereinstimmung. Meinungsverschiedenheiten traten dagegen auf, als man die relative Bedeutung zu bestimmen versuchte, die der Verbreitung der Gerechtigkeit im weltweiten Apostolat der Gesellschaft zuzusprechen sei, und welches Gewicht sie im Gesamt der Aufgaben der einzelnen habe. Das sei, so hieß es, zu einem gewissen Teil eine Sache der verschiedenen Situationen, zu einem anderen Teil aber auch eine Sache der Lehre. Von hier lassen sich die nachfolgenden Diskussionen erklären, zum Teil sogar auch die Interventionen der Päpste, von denen wir noch sprechen werden.

An dieser Stelle muß noch einmal betont werden, daß das, was als Neuheit im 4. Dekret anzusehen ist, kaum die Aussagen über den Dienst am Glauben betrafen, sie betrafen fast ausschließlich die Ausführungen über die Verbreitung der Gerechtigkeit. Und gerade an diesen Stellen dauerte auch die Ausarbeitung am längsten. Einige der stärksten Ausdrücke wurden an diesen Stellen verwandt, sehr zum Vorteil der Aussagen. Man konnte gleich von Anfang an voraussehen, daß dieser Aspekt vor allem die Aufmerksamkeit auf sich ziehen und den größten Einfluß ausüben würde.

Und ein letzter Punkt. Wir haben über den Einfluß des Modellpostulats gesprochen, das von den Jesuiten aus Mexiko in Umlauf gebracht wurde. Eine Reihe von Jesuiten sprach später so, als wäre die Bearbeitung des 4. Dekrets ganz und gar dem lateinamerikanischen Einfluß zuzuschreiben. Aber mir scheint doch, daß man diese Annahme nicht stützen kann. Man kann dagegen wohl sagen, daß es kein 4. Dekret gegeben hätte, wenn keine Verbindung entstanden wäre zwischen der in der Tat recht lebendigen lateinamerikanischen Empfindlichkeit (Sensibilität) den Problemen der Gerechtigkeit gegenüber und einer theologischen Reflexion, die vor allem aus Nordeuropa sowie aus Nordamerika stammt und in ihrer Weise ebenfalls eine wichtige Rolle spielt. Nordeuropa und Kanada stellten die aktivsten Verfasser bei diesem Dekret.

Die Delegierten der anderen Gebiete, zum Beispiel Asiens, stimmten allgemein der Dringlichkeit eines Einsatzes für die Gerechtigkeit zu. Sie waren jedoch zu gleicher Zeit aufmerksamer darauf ausgerichtet, daß das Bemühen der Gesellschaft um die Evangelisierung, vor allem unter den Nichtchristen, nicht vermindert würde. Für dasselbe Anliegen setzten sich die Vertreter Osteuropas ein, wenn auch in einem anderen Zusammenhang. Sie hatten mehr den Mißbrauch vor Augen, den man mit der Idee der Gerechtigkeit treiben kann. – Bei der Endabstimmung war man trotz all der vorangegangenen Schwierigkeiten nicht weit von der Einstimmigkeit entfernt.

Anmerkungen

1 32. Generalkongregation, 2. Dekret, Nr. 4
2 4. Dekret, Nr. 1
3 ebda., Nr. 28
4 ebda., Nr. 1

3. Kapitel

Die Jahre 1975–1978

Im Frühjahr des Jahres 1975 wurde über das 4. Dekret abgestimmt, als die 32. Generalkongregation kurz vor ihrem Ende stand. In den darauf folgenden Jahren zieht das Dekret eine höchst außergewöhnliche Aufmerksamkeit auf sich, und es spielt eine wichtige Rolle in der Geschichte der Gesellschaft Jesu während dieser Jahre. Es spielt auch eine Rolle in den Beziehungen zwischen dem Heiligen Stuhl und den Jesuiten während der ganzen Zeit von 1975–1983.

Da die Besorgnisse des Heiligen Stuhles im Hinblick auf das 4. Dekret in gewisser Weise schon in der Zeit der Redaktion des Dekrets begannen, wollen wir die Erklärungen auch da einsetzen lassen, um so die ganze Geschichte des Dokumentes und seine Auswirkungen nachzuzeichnen.

Dieses Kapitel befaßt sich nur mit den Jahren 1975 bis 1978. Das Jahr 1978 bringt in der Tat eine wichtige Zäsur. Es ist das Jahr von drei Päpsten: Paul VI. starb, Johannes Paul I. regierte eine kurze Zeit und Johannes Paul II. wurde gewählt. Andererseits fand in diesem Jahr eine Prokuratoren-Kongregation statt, die wichtigste Versammlung in der Gesellschaft Jesu nach der 32. Generalkongregation. Das war eine gute Gelegenheit, zur Sache des 4. Dekrets etwas zu sagen. Über die Entwicklung in den Jahren 1979–1983 werden wir im nächsten Kapitel berichten.

Paul VI. und das 4. Dekret

Es ist ziemlich bekannt geworden, selbst in der breiten Öffentlichkeit, daß es Spannungen gab in den Beziehungen zwischen Papst Paul VI. und der 32. Generalkongregation. Darum wird es nützlich sein, genau herauszuarbeiten, welche Bedeutung diese Spannungen für unser Thema hatten. Wir wollen uns z. B. fragen, wieweit die Redaktion des 4. Dekrets diese Spannungen verursacht hat, und wir wollen versuchen, eine Antwort auf diese Frage zu geben. Wenn es erlaubt ist, gleich am Anfang unsere eigene Schlußfolgerung auszusprechen, dann ist es die folgende: Es sieht nicht so aus, als ob der Papst in der Diskussion über das Engagement für die Gerechtigkeit schon eine Gefahr gesehen hätte. Wie hätte das überhaupt auch anders sein können bei dem Papst, der Populorum progressio und Octogesima adveniens geschrieben hat? – Seine wahre Befürchtung richtete sich vielmehr auf einen „Verlust der Identität" der Gesellschaft Jesu, der durch

Reformen verursacht zu werden drohte, die die Gesellschaft zur Aufgabe ihrer Besonderheit als Priesterorden zu führen schienen, und auf alles, was dies bedeuten mußte für die apostolische Sendung im Dienste der Kirche. Die Bearbeitung des 4. Dekrets kam hier jedoch in dem Maße dazu, wie der Arbeitsverlauf in der Kongregation und dieser oder jener besondere Aspekt der Diskussionen dem Papst als Bestätigung für seine grundlegende Befürchtung erscheinen konnten.

In bezug auf die Besorgnisse Pauls VI. erlauben es uns die Dokumente, bis auf die Zeit vor der Generalkongregation zurückzugehen. Vor allem ein Brief, der unter dem Datum des 15. September 1973 von ihm an den Generalobern und durch diesen an alle Jesuiten gerichtet worden war, ist wichtig. Er wurde geschrieben, nachdem Pater Arrupe den Papst eingeladen hatte, sich an der Einberufung der nächsten Generalkongregation zu beteiligen. Der Papst hatte gewiß mehr die Vorbereitung als die Kongregation vor Augen, als er schrieb: „Es ist notwendig, daß die Mitglieder der Gesellschaft Jesu sich wieder in Klarheit, Realismus und dem Sinn ihrer Verantwortung entsprechend die Prinzipien des geistlichen und apostolischen Lebens vor Augen halten. Sie haben im Laufe von Jahrhunderten die innere Struktur der Gesellschaft geformt und haben aus ihr ein Instrument gemacht, das sehr nützlich ist für Arbeiten auf dem Gebiet der Pastoral, der Mission und der Erziehung, und das auch auf sehr hohem Niveau zur Kultur beiträgt . . ." Ein wenig später fügte er dann hinzu: „Es ist uns nicht unbekannt, daß in gewissen Teilen eurer Gesellschaft – wie man es übrigens auch weithin im Leben der Kirche feststellt – in den letzten Jahren gewisse intellektuelle und disziplinäre Tendenzen aufgetaucht sind, die, falls man sie begünstigt, sehr schwerwiegende und vielleicht nicht mehr auszugleichende Strukturveränderungen nach sich ziehen, auch in ihrem Orden." In dieser Weise wurden also die exzessiven Freiheiten gesehen, die man sich auf dem Gebiet der Lehre nahm, und gewisse Auslegungen der Gelübde des ignatianischen Gehorsams und sogar des Gelübdes der Ehelosigkeit, die zerstörerisch wirkten. Aber es sieht doch so aus, daß es an dieser Stelle keine Anspielung auf die neue Sorge um die Verbreitung der Gerechtigkeit gab, obgleich sie schon in verschiedenen Teilen der Gesellschaft offenbar geworden war. Zusammenfassend läßt sich jedoch sagen, daß der Papst größeres Interesse für grundlegende Reformen zeigte als für die Verwirklichung der apostolischen Richtlinien; wobei man gewiß festhalten muß, daß er auch diese nicht ausschloß, wie es der Wortlaut des Briefes zeigte.

Am 3. Dezember 1974, das heißt am Anfang der 32. Generalkongregation, hielt Paul VI. vor den Versammelten eine lange Ansprache, die im Grundton ähnlich klang. War das nun ein Programm für die Kongregation im engsten Sinne des Wortes? – Manche hielten es dafür. Jedenfalls legte der Papst aufs neue seine Besorgnisse dar. „Der gegenwärtige Augenblick", so sagte er schon gleich am Anfang, „fordert von euch nicht nur die gewohnte, ordnungsgemäße Erfüllung eurer Pflicht, sondern verlangt vielmehr eine sorgfältige, umfassende, freie und vollständige Prüfung des gegenwärtigen Standes eurer Gesellschaft, so daß klar wird, wie sie sich zu den Schwierigkeiten und Problemen stellt, die sie heute bedrängen." „Das Problem liegt darin", fügte er hinzu, „daß ihr das Wesen eures Ordens mit dem vergleichen müßt, was jetzt in der Welt und in der Gesellschaft geschieht." Dann legte er drei Fragen vor, die die Jesuiten angingen und die er mit langen Ausführungen verband: „Woher kommt ihr? Wer seid ihr? Wohin geht ihr?"

Er erarbeitete die Antworten, indem er mit dem Gefühl tiefer Verbundenheit auf die Quellen und auf die Tradition der Gesellschaft Jesu zurückgriff. So ließ er zunächst die Priorität der Intuition aufleuchten, die die ersten Gefährten in sich trugen, „daß nämlich ihre Zeit Menschen brauchte, die vollkommen bereit waren, alles aufzugeben und zu verlassen und jeden Dienst auf sich zu nehmen, den ihnen der Papst auftrug, und den, nach seinem Urteil, das Wohl der Kirche erforderte. Dabei geht es stets an erster Stelle um die größere Ehre Gottes: Ad Maiorem Dei Gloriam." Es ist eine ganz wesentlich mystische Sicht.

Der Papst drückte sich dann noch genauer aus: „Ihr seid Religiose." . . . „Ihr seid Apostel." . . . „Ihr seid schließlich auch durch ein besonderes Gelübde dem Papst eng verbunden." . . . Und jedesmal fügte er genauere Erklärungen hinzu. Bisweilen rief er durch heftige Worte die Aufmerksamkeit wach, z. B. wenn er sagte: „Man sollte nicht von apostolischer Notwendigkeit sprechen, wo es sich eigentlich um Zersetzung und Verkürzung des Geistlichen handelt. . . . Ja, ihr wißt es so gut wir wir, daß man heute, bei manchen Gruppen innerhalb der Gesellschaft Jesu, eine Unsicherheit und ein Denken und Handeln feststellen kann, durch das die Identität eures Ordenslebens in Frage gestellt wird."

Auf die Frage „Wohin geht ihr?" antwortete der Papst mit Worten, die allen Jesuiten zeigten, daß sie das Aggiornamento zu verwirklichen hätten, zu dem das Konzil aufgerufen habe, aber das müsse geschehen „in der grundsätzlichen Treue zur spezifischen Gestalt der Gesellschaft, wie sie das Charisma eures Gründers gesehen und verstanden hat". „Die Vollkommenheit liegt", so sagte er, „im Zusammengehen beider Charismen, der Treue und der Liebe; keines ist dem anderen überlegen. . . . In unserer Zeit übt das zweite Charisma eine besondere Anziehungskraft aus: Handeln scheint mehr zu gelten als Sein, tätiger Einsatz mehr als Kontemplation; das konkrete Leben ist scheinbar wichtiger als die abstrakte Überlegung. . . . Das alles könnte beinahe die Vermutung aufkommen lassen, daß einzelne Aspekte der Treue und einzelne Aspekte der Liebe miteinander in Widerstreit stehen. Das ist jedoch keineswegs der Fall, wie ihr sehr wohl wißt, kommen doch beide vom Heiligen Geist her, der die Liebe ist. Menschen werden niemals zu viel geliebt werden; aber sie werden einzig und allein in der Liebe und mit der Liebe Christi geliebt." . . . Und weiter: „Die Bereitschaft und der Wille

39

zum Dienst können in einen Relativismus, in ein rein menschliches Denken, in reinen Immanentismus ausarten, sie kann ähnliche Züge wie die menschliche Gesellschaft annehmen, die sie eigentlich retten wollte, und schließlich sogar zu einem Säkularismus und zu einer völligen Vermischung mit dem Weltlich-Profanen führen. Wir beschwören euch; laßt euch nicht vom ,Geist der Verblendung' (Jes 19, 14) mitreißen."

Daß der Papst dadurch nicht versuchte, die Diskussion über Fragen der Orientierung im Apostolat zu unterbinden, geht aus der Tatsache hervor, daß er ganz im Gegenteil ausdrücklich dazu ermutigte, sich damit zu befassen. Aber bei diesen Ausführungen machte er eine Bemerkung, die für das Thema des 4. Dekrets nicht ohne Bedeutung ist: „Es wird angebracht sein, an die Notwendigkeit einer grundsätzlichen Wahl zwischen den verschiedenen Aufgaben zu erinnern, zu denen ihr durch eure apostolische Tätigkeit in der heutigen Welt gedrängt werdet. Dem heutigen Menschen fällt es nämlich in der Tat schwer, wohlüberlegte, eindeutige Entscheidungen zu treffen. Vielleicht hat man Furcht oder auch Zweifel an der Möglichkeit, sich selbst zu verwirklichen. Die modernen Menschen wollen darum alles sein, alles tun, allen menschlichen wie christlichen Berufungen ohne Unterschied nachkommen, denen des Priesters ebenso wie denen des Laien, denen von Ordensinstituten gleichermaßen wie denen der Säkularinstitute, wobei sie sich auf etwas verlegen, was Sache der anderen ist. . . . Ihr habt eine klar umschriebene Berufung. . . . Sie ist einmalig und eindeutig, was Ordensleben und apostolische Berufung angeht."

Die Generalkongregation hörte diese Worte mit Aufmerksamkeit, und sie erlebte die innere Bewegung mit, die diese Worte begleitete. Wenn nun auch wohl nicht alle Mitglieder der Kongregation geneigt waren, die Situation als so schwierig anzusehen, wie es der Papst tat, so ging die Kongregation doch daran, von Grund auf die Fragen zu behandeln, die die Identität der Jesuiten selbst, das religiöse Leben, das Gemeinschaftsleben sowie das Gebet in der Gesellschaft berührten. Sie entschied dann jedoch, wie wir im vorhergehenden Kapitel schon gezeigt haben, den Kriterien des Apostolats den Vorrang in der Besprechung zu geben und ganz besonders den Einsatz für die Gerechtigkeit vorrangig zu behandeln. Dies konnte dem Papst natürlich als eine Reihenfolge in den Prioritäten erscheinen, die sich unterschied von dem, was er vorgezogen hätte. In jedem Falle verbreitete sich das Gerücht sehr bald, begründet oder unbegründet, daß der Papst sich über die Arbeiten der Kongregation beunruhigt fühlte.

Einige aus den Mitgliedern der Kongregation meinten, daß die beste Antwort auf die existentiellen Fragen nach der Identität darin bestände, die apostolischen Orientierungen neu auszudrücken, denn das könne umgekehrt auch für eine geistliche Erneuerung hilfreich sein. Der Papst selbst hätte vielleicht gewünscht, daß man dieser Frage früher und mehr direkt nachgegangen wäre.

In der Folgezeit debattierte man schon lange im Plenum über den Dienst am Glauben und über den Einsatz für die Gerechtigkeit, während die Arbeit an den anderen Problemkreisen nur erst das Stadium der „Kommissionen" erreicht hatte. Und es ist wohl bekannt, daß der Fortschritt einer Arbeit in einer Kommission bei weitem nicht so sichtbar wird wie bei den Debatten im Plenum. Das könnte übrigens auch eine Bedeutung haben für die Tatsache, daß die Arbeit an den anderen Fragen langsamer vorankam als die über das Apostolat und die über den Einsatz für die Gerechtigkeit.

Man kann wohl annehmen, daß diese Art von Programmabwicklung Paul VI. beunruhigte, jedoch waren auch vorher schon wegen eines anderen Problemes die Beziehungen zwischen ihm und der Kongregation etwas angespannt. – Eine große Anzahl von Jesuiten wünschte, daß es eine weit größere Gleichheit unter allen Mitgliedern der Gesellschaft gäbe, vor allem zwischen den Priestern und Nicht-Priestern. Man hatte diesen Wunsch oft in dem Vorschlag ausgedrückt, daß alle Mitglieder des Ordens die gleichen, das heißt die vier feierlichen Gelübde ablegen könnten, zu denen auch das Gelübde des Gehorsams dem Papst gegenüber gehört, das die Entsendung in die Missionen betrifft. Der Papst hatte dagegen durch seinen Staatssekretär wissen lassen, daß „eine solche Neuerung so große Schwierigkeiten mit sich bringen würde, daß sie wohl die notwendige Zustimmung des Heiligen Stuhles unmöglich machen würde". Jedoch die Kongregation konnte sich schließlich doch nicht davon überzeugen, daß da kein Raum mehr war für einen Schritt, den die Jesuiten „Vorstellung machen" (repraesentatio) nennen – das heißt, man legt dem Oberen noch einmal die Schwierigkeiten vor, die man in Beziehung auf einen Auftrag empfindet, selbst wenn es ein klarer Befehl war – und sie sprach sich durch eine Abstimmung dafür aus, möglicherweise beim Papst eine Vorstellung zu machen. Paul VI. wurde von diesem Vorgang informiert, und er mißfiel ihm sehr.

Als Folge davon bekräftigte Paul VI. am 15. Februar 1975 noch einmal fest und entschieden, daß er gegen eine Veränderung der Bedingungen für die Zulassung zu dem 4. Gelübde sei, in dem es um die Missionen geht. Aber in Anbetracht der Gesamtheit aller Arbeiten der Kongregation, die eben erst einberufen war, begnügte er sich in dem Brief, den er unter dem Datum des 15. Februar sandte, nicht nur damit, diese Frage um die Bedingungen für das 4. Gelübde zu behandeln, sondern er drückte auch seinen „Zweifel aus, angesichts der Orientierungen und des Beziehens von Positionen", die aus den Arbeiten der Generalkongregation hervorgingen. Er forderte die Kongregation auf, ernsthaft darüber nachzudenken. Und darüber hinaus bat er darum, daß man ihm die Beschlüsse, die von der Kongregation gefaßt würden, zukommen ließe, bevor sie veröffentlicht würden. – Das, was der Papst dann vom 4. Dekret und von anderen Dokumenten, die sich in Vorbereitung befanden, wußte, geht ohne Zweifel weitgehend auf diesen

Sachverhalt zurück. Er gab aber darüber, es ist wahr, keine weitere direkte Erklärung ab.

Die Kongregation bemühte sich in den letzten Wochen, den Wünschen Pauls VI. noch mehr Aufmerksamkeit entgegenzubringen, besonders in den Punkten, die er in seiner Ansprache vom 3. Dezember 1974 berührt hatte.

Die Bemerkungen am Ende der Kongregation

Eine weitere Phase beginnt mit dem Abschluß der Kongregation, deren Arbeiten am 7. März 1975 beendet waren. Wenige Tage danach wurden die Dokumente, über die die Kongregation abgestimmt hatte, dem Papst vorgelegt, so wie er es gewünscht hatte. Am 2. Mai kamen sie zurück und konnten in Kraft treten, aber einige Bemerkungen waren hinzugefügt. Der Kardinal Staatssekretär Jean Villot, der im Namen des Papstes darüber an Pater Arrupe schrieb, wies darauf hin, daß „neben Ausführungen, die Anerkennung verdienen", in den Dekreten auch Formulierungen zu finden seien, „die Bestürzung hervorrufen und die wegen der Verwendung bestimmter Begriffe dazu führen können, daß man sie nicht richtig versteht". Die ersten Bemerkungen also, die beigefügt waren, beziehen sich auf das Dekret „Unsere Sendung heute: Dienst am Glauben und Einsatz für die Gerechtigkeit" und auf die Erklärung über „Die Jesuiten heute", also auf die zwei Dokumente, von denen wir schon zeigten, daß sie eine Verbindung miteinander haben.

In ihrem Vorwort heißt es zunächst: „Ohne jeden Zweifel ist der Einsatz für die Gerechtigkeit mit der Evangelisation verbunden; aber wie der Papst bereits am 26. Oktober 1974 sagte, als er die letzte Bischofssynode abschloß, sollte man nicht zu viel Gewicht legen auf die Förderung des Menschen und auf den sozialen Fortschritt. Denn dadurch kann sehr leicht die große Bedeutung, die in der Kirche Christi der Evangelisierung, das heißt der unverkürzten Verkündigung der Frohen Botschaft, zugeschrieben wird, Schaden erleiden. (Anm. 1)

Eine zweite Bemerkung befaßt sich nicht mehr mit der Beziehung zwischen dem Einsatz für die Gerechtigkeit und der Evangelisierung im allgemeinen, sondern mit der den Jesuiten eigenen Rolle oder der Rolle, die den Priestern und Religiosen dort zu eigen ist, wo es um den Einsatz für die Gerechtigkeit geht: „Die Gesellschaft Jesu . . . ist in erster Linie für ein geistliches und übernatürliches Ziel gegründet worden. Diesem Ziel muß jede Aktivität unterworfen sein, sie muß immer so ausgeübt werden, daß sie mit der religiösen Ebene übereinstimmt und priesterlich ist, sie soll nicht weltlich sein. Man sollte nie vergessen, daß es die Rolle eines Priesters ist, katholische Laien zu inspirieren, vor allem solche, die bei der Verbreitung der Gerechtigkeit eine wichtige Rolle spielen; die Aufgaben, die jedem einzelnen zukommen, dürfen nicht vermischt werden."

Die dritte Bemerkung spricht von der Zusammenarbeit mit der örtlichen Hierarchie, wo es um Aktionen für die Verbreitung der Gerechtigkeit geht. „Es ist gut, sich daran zu erinnern, daß die Aktionen für die Verbreitung der Gerechtigkeit in Übereinstimmung mit den Direktiven vorzunehmen sind, die die örtliche Hierarchie gegeben hat, wobei die besonderen Bedingungen einer jeden Region berücksichtigt werden müssen."

Beim Lesen dieser Sätze von Paul VI. wiesen einige sofort darauf hin, daß der verabschiedete Text des 4. Dekrets ihnen nicht entgegenstände. Und das ist wohl auch wahr. Aber man könnte ebenso sagen, daß das 4. Dekret diese Punkte nicht besonders unterstreicht. Man versteht jedenfalls besser, wo der Papst sich besorgt zeigte, wenn man seine Bemerkungen über das 4. Dekret einmal mit seiner Opposition vergleicht, die er jeder Veränderung der Bedingungen entgegensetzte, die die Zulassung zum 4. Gelübde, das heißt den besonderen Gehorsam dem Papst gegenüber in bezug auf die apostolischen Missionen, regeln.

Die Frage des 4. Gelübdes scheint auf den ersten Blick tatsächlich keine Beziehung zum 4. Dekret zu haben. Aber es bestand dennoch eine ziemlich direkte Beziehung. Der Papst hat in seinem Brief an Pater Arrupe nicht sehr weit ausgeführt, was er dagegen hat, daß alle Jesuiten, auch die Nicht-Priester, zum 4. Gelübde zugelassen werden. Er schrieb am 3. Dezember 1974 nur: „Dem Institut der Gesellschaft entsprechend ist dies Gelübde den Ordenspriestern vorbehalten, die die erforderliche geistliche und geistige Vorbereitung mit Erfolg abgeschlossen haben." Aber wenn wir die Ausführungen des Kardinal Staatssekretärs betrachten, wird man wohl sagen können, daß der Wunsch, in der Gesellschaft das Priestertum nicht abwerten zu lassen, das Hauptmotiv des Papstes war. Wenn er die beabsichtigte Veränderung annähme, bestünde dann nicht die Gefahr, daß die Gesellschaft Jesu eine Einrichtung würde, in der Priester und Nicht-Priester ohne Unterschied Mitglied wären, obgleich doch die Gesellschaft ausdrücklich von ihren Ursprüngen an ein „Priesterorden" (ordo presbyterorum) war? Hätte das nicht darüber hinaus in der ganzen Kirche schwere Folgen in Beziehung auf die Achtung vor dem Priester? Genau in diesem Punkt war Ende der 60er Jahre und zu Beginn der 70er Jahre eine Krise bemerkbar. Paul VI. hätte wahrscheinlich in jedem Falle etwas in der Richtung, die er einschlug, unternommen, um einen wichtigen Aspekt des traditionellen Instituts der Gesellschaft zu schützen, aber angesichts der Umstände reagierte er wohl heftiger und emotionaler, als er es sonst getan hätte.

In diesem Zusammenhang gab das 4. Dekret, wenn man den Platz berücksichtigt, den es in den Arbeiten der Generalkongregation einnahm, und wenn man bedenkt, daß es nur wenig auf die Punkte einging, die in den „Bemerkungen" vom 2. Mai 1975 angesprochen worden waren, dem Papst sehr wahrscheinlich den Eindruck, daß hier in bezug auf den grundsätzlich priesterlichen Charakter der Gesellschaft eine zusätzliche Gefahr auftauchte: es war der Eindruck, daß da eine Tendenz zum „Säkularinstitut" bestand oder zu einer Verwischung der Unterschiede zwischen priesterlicher Aufgabe und der Aufgabe der Laien, ja sogar eine Tendenz, zu viel Wert auf die Förderung des Menschen und auf den sozialen Fortschritt zu legen und das Streben nach dem Gesamt des Reiches Gottes zu verkürzen.

Wie nahmen die Jesuiten das 4. Dekret auf?

Auf diesem Hintergrunde soll nun gezeigt werden, was nach der Generalkongregation in der Gesellschaft geschah.

Zunächst einmal wurde der Brief des Kardinals Villot, der das Datum des 2. Mai 1975 trug, den Jesuiten vorgelegt, und sie nahmen durchweg die Ausführungen, die ihnen im Namen des Papstes übermittelt wurden, mit Besonnenheit zur Kenntnis. Aber sie blieben dennoch dabei, daß die Dekrete „zur Anwendung" erlassen worden seien.

Gewiß, hier und dort fand man Zurückhaltung, selbst Widerstände traten auf, einige zweifelten ganz einfach an der Gültigkeit der Richtlinien des 4. Dekrets, da man ja die Ausführungen des Papstes erhalten hätte. Andere stellten sich ganz hinter die Aussagen des Dokuments, waren aber der Meinung, es habe noch einige Mängel. Aus den Briefen, die 1975 von einigen erfahrenen Jesuiten zu diesem Thema eingingen, zitieren wir einmal die folgenden Sätze: „Das Dokument ist äußerst mangelhaft, wenn wir betrachten, was es über die Aktion für die Gerechtigkeit sagt. Es kann daher zu vielen Zweideutigkeiten in der Auslegung führen. . . . Der Begriff der Gerechtigkeit scheint, wenn man ihn ohne jede genauere Erklärung so nimmt, wie er im Dokument vorgelegt ist, dem Begriff der Gerechtigkeit im „Sozialismus ähnlich zu sein: die Gleichheit unter den Menschen in der Gütergemeinschaft. Das ist ein sehr wichtiger Gesichtspunkt, ohne Zweifel der dringlichste in vielen Ländern. Aber er ist nicht der einzige wichtige Aspekt, selbst in der soziologischen Analyse nicht." Und wiederum: „Man spricht im Dekret sehr häufig von Strukturwandel an den Orten, wo die Strukturen ungerecht sind. Aber das ist nur möglich, wenn man wenigstens eine grobe Vorstellung hat von alternativen Möglichkeiten. . . . Jedoch viele zweifeln heute nicht nur, daß eine Soziallehre der Kirche vorhanden sei, sie zweifeln sogar auch daran, daß sie überhaupt möglich sei. . . . Wenn wir nicht selbst ein Modell vorschlagen können, das an die Stelle der bestehenden Strukturen treten kann, werden unsere aktiven Leute in die Gefahr geraten, das „marxistische" Modell zu übernehmen. Dies Modell hieße übrigens besser „leninistisch", seine Besonderheit ist die Diktatur der Partei, die alle Mängel dieses Modells und die neuen Formen der Ungerechtigkeit, die daraus hervorgehen, mit einschließt."

Noch ein anderer schrieb uns: „Auf dem Gebiet der theologischen Reflexion, und das ist noch schwerwiegender, legt das Dokument keinerlei Überlegungen vor, die dem Jesuiten in seiner Aktion zum Dienst für die Gerechtigkeit eine Orientierung geben könnte. . . . Es sagt nichts aus über die Bemühung, die Aktion im Sinne des Evangeliums und politische Aktion im strengen Sinne zu identifizieren, eine Versuchung, die heute so häufig unter den Unsrigen anzutreffen ist. Man erahnt ohne große Mühe, daß das leichthin als eine Rechtfertigung für Initiativen ausgelegt werden kann, die unserer Sendung fremd sind."

Jedoch die große Mehrheit der Jesuiten nahm das Dokument gut auf, und man kann sich kaum vorstellen, daß sie es in derselben mißbräuchlichen Weise ausgelegt hätten, wie einige es taten. Manche waren sogar begeistert und brachten ihre „große Freude" zum Ausdruck über die Richtlinien, die der apostolischen Situation so gut entsprächen, in welcher sie arbeiteten. Andere nahmen das Dokument auch im guten Glauben auf, ohne genau zu wissen, wohin es sie führen würde.

In vielen Provinzen fanden 1975 und 1976 Versammlungen und Sitzungen in rascher Folge statt, die dem Studium und der Verarbeitung des 4. Dekrets dienten, vor allem ging es um das, was das Neue daran war, der Gesichtspunkt „Einsatz für die Gerechtigkeit". Einige Provinzen überarbeiteten sogar, selbst wenn neue Kosten entstanden, das ganze Programm ihrer apostolischen Tätigkeit. Lange Arbeitszeiten nahmen sie dafür in Kauf. Der Einsatz für die Gerechtigkeit hat, wohlverstanden, einen vorrangigen Platz in den Projekten und Programmen, die aus diesen Bemühungen hervorgingen. Das war der Fall in Mittelamerika und Bolivien, um einige lateinamerikanische Provinzen zu nennen, aber auch im wallonischen Belgien, in Kanada und etwas später ebenfalls in Spanien. Man machte sich zu gleicher Zeit in mehr als einem Falle an die Arbeit, eine systematische Analyse der sozialen Realität durchzuführen. Dazu wurden eigens Versammlungen einberufen, die sich direkt mit diesem Studium befaßten.

Das soziale Apostolat. Anwesenheit in Slums . . .

Das soziale Apostolat im engeren Sinne fand sofort ein neues Interesse. Häufig trat es unter neuen Formen auf. Mehrere Zentren für Forschung und soziale Aktion wandten sich verstärkt der Aktion zu, zum Beispiel der Hilfe zur Organisation einer unterprivilegierten Landbevölkerung, die Opfer schwerer Ungerechtigkeiten geworden war. Nach und nach entstanden auch neue Zentren, z. B. in Nordamerika, in England, in Irland, in Australien, die sich stark darauf ausrichteten, Aktionen im Sinne der öffentlichen Meinung vorzunehmen und die Situationen der Ungerechtigkeit zu bekämpfen.

In den Jahren, die direkt auf die Generalkongregation folgten, waren vor allem in den großen Städten der 3. Welt ständig Neugründungen oder Weiterentwicklungen kleiner Gemeinschaften im Gange, die unter den Ärmsten arbeiteten. Das heißt, diese Gemeinschaften entstanden unter den Bewohnern der großen Armenviertel, die sich an die Metropolen der Welt anlehnten. In Europa eroberte sich die Arbeitermission neue Gebiete.

Der Wunsch, zur Verbreitung der Gerechtigkeit beizutragen, verschaffte sich dagegen in den anderen Formen des Apostolats weit langsamer einen Eingang. Aber es fehlte auch dort, schon seit Abschluß der 32. Generalkongregation, nicht an Versuchen. Man bemühte sich zum Beispiel, die Sorge um die Gerechtigkeit auch in den Rahmen der Exerzitien einzufügen, wenigstens in bestimmten Gruppen. Dieselben Bemühungen werden in bezug auf Erziehungsprogramme in einigen Instituten sichtbar, zum mindesten in Erziehungseinrichtungen, die von der Gesellschaft geleitet werden. Andererseits wandte sich P. Arrupe 1976 an alle, die sich direkt mit einem Apostolat unter den Intellektuellen befassen. Er wollte ihnen eine starke Motivation geben, ihre Arbeiten neu auszurichten oder wenigstens den Stil ihrer Aktivität zu verändern, um mehr zur Verbreitung der Gerechtigkeit beitragen zu können.

Schon 1978, also drei Jahre nach der 32. Generalkongregation, konnte Pater Arrupe in seiner Eröffnungsansprache vor der Prokuratorenkongregation schreiben, daß aufs Ganze gesehen „der Kampf für den Glauben und die Gerechtigkeit, in seiner ganzen Weite und Tiefe, ohne Zweifel die Wurzel einer der größten Veränderungen ist, die gegenwärtig in der Gesellschaft vor sich geht. Überall auf der Welt bemüht man sich aufrichtig darum, diesen Kampf eine Wirklichkeit werden zu lassen. Nach und nach schwindet die anfängliche Furcht einiger Gruppen, die praktisch über die ganze Gesellschaft verteilt sind und die glaubten, dadurch vom Geist des Instituts abzuweichen. Sie haben sich heute von der Wichtigkeit dieses Kampfes überzeugt und haben erkannt, wie die Kirche diesen Kampf versteht."

Pater Arrupe fügte hinzu: „Der Kampf für die Gerechtigkeit leitet hin zur Solidarität mit den Armen. Trotz aller Probleme, die mit dieser Solidarität verbunden sind, stellt man in der Gesellschaft fest, daß das Engagement für die Armen und Unterdrückten zunimmt. Zahlreiche Jesuiten haben den Wunsch, die Lebensweise der Armen in der Realität mitzuleben und bis zu einem gewissen Ausmaße die Wirkungen des Unrechts und der Unterdrückung selbst zu erfahren."

Das Inkrafttreten des 4. Dekrets bedeutete auch für die Gesellschaft, jedenfalls für bestimmte Gruppen von Jesuiten, Verfolgungen und Leiden, für einige sogar gewaltsamen Tod. Wie Pater Arrupe weiter ausführte, ist es oft „die Treue zur einfachen Erfüllung unserer Sendung in schwierigen Situationen oder die

46

Standhaftigkeit, trotz aller Lebensgefahr in einem Bürgerkriege auszuhalten, die Opfer gefordert hat." Es hat auch tatsächlich Tote gegeben, nur weil Jesuiten auf ihrem Posten geblieben sind, in einer Bevölkerungsgruppe und meistens in einer sehr armen Gruppe von Menschen. Es geschah während des Befreiungskampfes in Zimbabwe, während der seit 1975 schnell aufeinander folgenden Ereignisse im Libanon, zu Zeiten der Unruhen auch im Tschad und sogar in Indien. In einigen Ländern Lateinamerikas wurden mehrere umgebracht, weil sie zwar in einfacher Form, aber doch mit Bestimmtheit, im Rahmen ihrer pastoralen Arbeit für die Gerechtigkeit Partei ergriffen oder gegen die Ungerechtigkeiten Schutz suchten. Im Jahre 1978 legte Pater Arrupe auf der Prokuratorenkongregation die Liste von 11 Opfern vor, das war ein Preis, den die Gesellschaft in direkter oder indirekter Beziehung mit den Richtlinien des 4. Dekrets zahlte. Später folgten noch andere. Im Hinblick auf das gesamte Apostolat der Gesellschaft zog Pater Arrupe die folgende Bilanz: „Seit drei Jahren erlebt das Apostolat der Gesellschaft eine schnelle Entwicklung. Gewiß, je nach Provinz ist der Grad der Entwicklung und auch die Art verschieden. Aber die bewegende Kraft einer solchen Entwicklung ist das 4. Dekret der 32. Generalkongregation gewesen, die ganz offensichtlich unser Apostolat mehr auf ‚den Dienst am Glauben und auf den Einsatz für die Gerechtigkeit' ausgerichtet hat. Das geschah sowohl in der Erziehung als auch in der Pastoral, in der sozialen Aktion usw. Im Lichte dieser Priorität geht bis zur Stunde die Entwicklung unserer Werke voran."

Klarstellungen, Auslegungen.
Die Rolle des Pater Arrupe in diesen Jahren

Gewiß, es gab auch Schatten auf diesem Bild. Es war nicht nur die „anfängliche Ablehnung" einiger, auf die Pater Arrupe anspielte, auch nicht nur die Schwierigkeit anderer, die etwas in Verwirrung geraten waren und darauf hinwiesen, daß ihre Ausbildung oder ihre pastorale Praxis sie nicht dahin geführt hätten, sich in dieser Weise für soziale und politische Fragen zu interessieren, sie verständen davon nichts. Hier und da kamen nämlich auch ganz einseitige Auslegungen auf, die das Dekret in dem Sinne verstanden, daß eine mehr oder weniger vollständige Gleichsetzung von Dienst am Glauben und Einsatz für die Gerechtigkeit dort ausgedrückt sei, wenigstens für die heutige Zeit.
Man sieht daher schon seit Abschluß der Kongregation, wie Pater Arrupe wachsam und ausdauernd Pläne oder Grundentscheidungen berichtigt und wie er selbst Verdeutlichungen anbringt. So soll die Neuheit des Engagements für die Verbreitung der Gerechtigkeit ihren Platz im Dienst am Glauben finden, der ganz eindeutig nie aufhörte, das grundlegende Ziel der Gesellschaft Jesu zu sein. Immer

wieder griff er in seinen Ansprachen in die Entwicklung ein. Die Sammlung der offiziellen Dokumente der Gesellschaft (Acta Romana Societatis Jesu) zeugt auch an mehreren Stellen davon, daß schriftliche Interventionen zu diesem Thema in den Jahren 1976, 1977 und 1978 häufig waren.

Einige seiner Briefe befassen sich mit Arbeiten von Jesuiten, die geneigt waren, sich an der Politik im engsten Sinne zu beteiligen, und zwar in Situationen, in denen Pater Arrupe den Ausnahmecharakter, der solche Arbeit hätte rechtfertigen können, nicht anerkannte. Er legte seine Meinung dazu in aller Geduld dar, und darüber hinaus fühlte er sich ständig verpflichtet, vor dem Marxismus zu warnen. Er unterstrich, daß die Sorge, die die Kirche auf dieses Thema richtete, nicht nur „einfach eine Frage von konservativ oder unbeweglich" sei, sie zeige vielmehr die Erfahrung der „fortschreitenden Aushöhlung des Glaubens", die nur zu oft bei denen beobachtet werden kann, die den Marxismus annehmen, auch wenn sie es mit Unterscheidungen tun, von denen sie glauben, daß sie den Marxismus mit dem Christentum vereinbar machten.

Andere Ausführungen von Pater Arrupe befassen sich mit dem ganzen 4. Dekret und seiner Auslegung. So richtete er 1976 einen Brief an eine Provinz, die ihm ein Dokument zugeschickt hatte, das viel weiter ging als das 4. Dekret und die Grundlage eines umfassenden Arbeitsplanes dieser Provinz werden sollte. Pater Arrupe schrieb: „Für eine einzelne Provinz kann ich nicht Richtlinien annehmen, die überhaupt nicht mit denen übereinstimmen, die die Kongregation für die ganze Gesellschaft gegeben hat. . . . Das von der Provinz vorbereitete Dokument führt ja alles auf die Ungerechtigkeit zurück, wogegen das Dekret der Generalkongregation einen größeren Weitblick zeigt und nicht nur einen einzigen Grund für die gegenwärtige apostolische Situation angibt, sondern drei, nämlich: Die Tatsache, daß viele Menschen Christus gar nicht kennen und wir uns ihnen nur schwer nahen können, ferner, die Wandlungen der Kultur und die Verweltlichung, die eine neue Herausforderung für den Glauben bedeuten, und schließlich die Ungerechtigkeit, die im Hinblick auf unsere Sendung zur Verkündigung des Evangeliums eine einzigartige Bedeutung hat." Bei der Ungerechtigkeit betrachte das Dokument dieser Provinz nur „sozio-ökonomische" Aspekte, sagt Pater Arrupe, das sei aber nicht genug. „Die Generalkongregation", so fügt er hinzu, „ruft uns auf, die Ungerechtigkeit nicht nur in den Strukturen zu bekämpfen, sondern auch im Herzen der Menschen selbst, in den inneren Haltungen und in unseren Neigungen, die man nicht einfach nur aus der Ökonomie erklären kann."

Auch andere Punkte wurden noch von Pater Arrupe in diesem Brief berührt: Die Grundentscheidung für die Armen sollte nicht mit dem Ausdruck „die, welche vorgeben, sie (= die Armen) zu vertreten" verwechselt werden. In gleicher Weise bemerkt er zum Ausdruck „die Wahl des Sozialismus": Dieser Ausdruck ist nicht eindeutig, denn wenn man „den Sozialismus" wählen will, stellt man fest, daß er gar nicht besteht, denn es bestehen nur verschiedene Sozialismen, die bereits in der Geschichte sichtbar sind. – Das Wesentliche in den Bemühungen Pater Arrupes ist jedoch der Versuch, das, was das 4. Dekret als Sendung der Gesellschaft vorlegt, nicht verkürzen zu lassen: Es geht da nicht bloß um den Einsatz für die Gerechtigkeit, und noch viel weniger nur um eine verkürzte Form von ihr.

Als Pater Arrupe im Jahre 1978 wieder vor der Prokuratorenkongregation sprach, nahm er von neuem alle die Fragen auf, die oben angeführt sind (unnötiges politisches Engagement, die Versuchung des Marxismus und die Gefahr, daß einige das 4. Dekret einzig und allein auf die Idee des Einsatzes für die Gerechtigkeit beschränken). Er spricht eine deutliche und kraftvolle Sprache. Es war ein Zeichen dafür, wohlverstanden, daß es um ganz reale Probleme ging, die wenigstens an einigen Orten brannten.

Pater Arrupe begleitete gewiß die Sorge der Gefährten (Jesuiten) sehr weit, die versucht waren, den Aufgaben des Kampfes für die Gerechtigkeit oder gegen das Elend den Vorrang zu geben. Aber er wies auch sehr deutlich auf die Grenzen hin. Zum Beispiel zögerte er nicht, eine schwerwiegende Frage aufzuwerfen: „Die Formula unseres Instituts sieht die geistlichen Dienste als die Hauptmittel an, während die leiblichen Werke der Barmherzigkeit als unterstützende oder begleitende Mittel verstanden werden. Da aber heute eine so große Bedürftigkeit in materieller Hinsicht spürbar ist und auch in so einem großen Ausmaße, kann diese Art von Dienst, wenn er dem Einzelfall gut angepaßt ist, von großem Wert sein. Dieser Dienst ist und bleibt unterstützend in seiner Bedeutung, aber er müßte doch so weit wie möglich zusammen mit den Hauptmitteln eingesetzt werden. Gab der heilige Ignatius nicht 400 Unglücklichen Unterkunft in seinem Haus in Rom, einmal ganz abgesehen von den 3000 anderen, denen er draußen Hilfe brachte? . . . Der Bedarf und die Wichtigkeit sind Kriterien für den heiligen Ignatius, sie werden von Fall zu Fall durch die Dringlichkeit näher bestimmt. Der Dienst am Glauben ist in unserer säkularisierten und heidnischen Welt gewiß dringlich; aber wir wissen alle, daß heute mehrere Millionen menschlicher Wesen an Unterernährung sterben . . ." Pater Arrupe betont sodann, daß die Entscheidung jeweils von der Beurteilung der einzelnen Fälle abhängen müsse. Aber er fügt mit Nachdruck hinzu: „Man sollte nie ein einzelnes Mittel oder ein einziges Kriterium für die Bewertung der apostolischen Arbeit als absolut ansehen, auch nicht den Hunger." Nicht einmal den Hunger, sagt Pater Arrupe also, denn er wünscht die Vorrangstellung des Dienstes am Glauben zu bewahren, wobei er sich gewiß des dramatischen Charakters einiger Situationen bewußt ist, wo eine Wahl zu geschehen hat. Jedenfalls reagierte Pater Arrupe immer, wenn man ihm den Eindruck gab, daß man nur die mit der Ungerechtigkeit verbundenen Bedürfnisse wahrnahm und den eigentlich geistlichen Bedürfnissen gegenüber taub blieb.

Zu derselben Zeit drückte er noch im Jahre 1978 vor den Prokuratoren sein Bedauern aus, daß ein großer Teil der Gesellschaft recht langsam sei in der Veränderung: „Ich sage nicht, daß man in der Gesellschaft nicht versucht, die Dekrete der 32. Generalkongregation in die Praxis umzusetzen. Aber wenn wir das Tempo, die Vorkehrungen und die Befürchtungen sehen, die an vielen Orten bei der erforderlichen Erneuerung noch vorherrschen, und auch wenn wir den Mangel an Verfügbarkeit, vor allem bei den Institutionen, vor Augen haben, gewinnen wir den Eindruck, daß wir immer noch dabei sind, einfach das zu bewahren, was wir schon haben, oder nur das zu tun, was wir den Forderungen unserer Zeit entsprechend zu tun gezwungen werden. Sehr oft wagen wir uns nicht einmal zu fragen, ob nicht gewisse Dinge, die wir nicht tun, nicht doch wichtiger sind als andere, die wir tun und die wir aufgeben müßten, weil wir nicht alles tun können." Und weiter: „Die Gesellschaft sollte sich nicht gefangennehmen lassen von Strukturen der apostolischen Arbeit, die wegen der ausschließlichen und absoluten Sorge für die gegenwärtigen Bedürfnisse eine wahre Falle werden können. Sie muß ihre Fähigkeit bewahren, neue Arbeiten anzunehmen und sich zu verändern, so wie es die aufmerksame Beobachtung der großen Probleme der Menschheit erfordert. . . ."

Pater Arrupe achtete genau auf die geistlichen Grundhaltungen

In der Arbeit, die Pater Arrupe während dieser Jahre erledigte, ist ein weiterer Punkt hervorzuheben, der vielleicht noch wichtiger ist, das ist seine Sorge darum, selbst die geistlichen Probleme, die sich in der Anwendung des 4. Dekrets zeigen konnten und die sich auch wirklich zeigten, von ihrer Wurzel her anzugehen. Er stellte diesen Punkt in zwei großartigen Briefen an alle Jesuiten heraus; der erste Brief sprach über die Integration des geistlichen Lebens und des Apostolats, er war vom 1. November 1976, und der zweite Brief, der unter dem Datum des 19. Oktober 1977 stand, sprach über die Verfügbarkeit. „Es ist aus dem Brief über die Integration bereits deutlich", sagte er, „daß die 32. Generalkongregation empfiehlt und sogar fordert, das Leben eines Jesuiten solle ein integriertes Leben sein, es solle tief sein und zugleich sehr persönlich. Die hohe Idee der apostolischen Sendung, wie die 32. Generalkongregation sie darstellt – eine Darstellung übrigens, die sich von der in der Formula Instituti (der Gesellschaft Jesu) nicht unterscheidet, außer daß sie sie in modernen Worten ausdrückt –, ist undenkbar und kann ohne diese Integration nicht einmal formuliert werden."
Pater Arrupe forderte alle Jesuiten auf, sich zu fragen, ob sie etwa ein geistliches Leben führten, das apostolisch nicht fruchtbar sei, und ob sie etwa ein apostolisches Leben führten, das keine geistliche Erfahrung vermittelte.

Die Verfügbarkeit, über die er im Jahre 1977 schrieb, wurde von ihm als ein Prüfstein der Integration hingestellt: „Wie können wir wirklich wissen, ob wir Menschen sind, die ihre innere Reife und Einheit erlangt haben, bei denen sich alle Gotteserfahrung in eine Aktion für den Nächsten umsetzt und bei denen alles, was sie zum Nutzen des Nächsten tun, Gott offenbar macht und sie mit mehr Liebe und mit mehr Intensität in ihrem Engagement an ihn bindet? Es gibt ein Mittel, das zu erkennen; der heilige Ignatius weist uns oft darauf hin. Wie auch immer die Arbeit aussehen möge, wir sind für ihn nur dann ideale Jesuiten, wenn wir uns bewußt und mit Freude verfügbar halten, das heißt uns als Menschen verstehen, die bereit sind, sich schicken zu lassen. Und das gilt für jeden Augenblick in unserem Leben, selbst wenn wir in einer konkreten Arbeit, die uns übertragen worden war, schon alt geworden sind, sollen wir mit Enthusiasmus an die neue gehen. . . . Das ist die typisch ignatianische Art und Weise, die Absolutheit Gottes auszudrücken und das Übrige als relativ anzusehen."

Im Jahre 1978, also gegen Ende dieser ersten Jahre, hatte die Anwendung des 4. Dekrets eigentlich erst begonnen. Jedoch, es war schon etwas im Gange. Andererseits gab es Spannungen, aber sie schienen abzunehmen. Es gab wohl einseitige und extreme Auslegungen, aber Pater Arrupe reagierte darauf mit Geduld und Ausdauer, und er rief ständig auf zur Treue gegenüber dem 4. Dekret in seiner Gesamtheit. Er bemühte sich, diese Treue schon an der Quelle ihres Ursprungs zu festigen, nämlich im geistlichen Leben eines jeden. Die überwiegende Mehrheit der Jesuiten hielt sich die Ausführungen vor Augen, die Paul VI. ihnen im Jahre 1975 vorlegte. Bis zu seinem Tode im Jahre 1978 griff der Papst nicht wieder ein.

Anmerkung

1 Das Zitat Pauls VI. steht in AAS, 66, 1974, S. 637; siehe auch: Documentation Catholique, 1974, S. 953.

4. Kapitel

1979–1983

Wir wollen noch auf einige weitere Sätze Pater Generals eingehen, die er vor der Generalkongregation im Jahre 1978 gesprochen hat. Auf der einen Seite sagte er: „Die Übertreibungen und einseitigen Auffassungen derer, die unsere Sendung in einer allzu ‚horizontalen' und politisierten Weise auslegten, treten nach und nach hinter denen zurück, die eine ausgeglichenere Interpretation haben." Und weiter: „Der anfängliche Widerstand einiger Jesuiten wurde schwächer, und diese Jesuiten versuchen jetzt in einer entspannteren Atmosphäre, ernsthafter und vollkommener die Dekrete und den Geist der 32. Generalkongregation in sich zu vertiefen." Mehr und mehr nimmt man den Gedanken an, daß „die Sendung, für den Glauben und die Gerechtigkeit zu kämpfen, das Leben und die Arbeit aller Jesuiten durchdringen muß; es soll sich nicht auf ein spezifisches Apostolat beschränken, das nur für bestimmte reserviert ist." Man versteht allgemein besser, daß die Integration sich im gesamten Apostolat verwirklichen muß, und zwar die Integration von Dienst am Glauben und Einsatz für die Gerechtigkeit in jedem einzelnen.

Die Empfehlungen Johannes Paul I.

Eine gut begründete Diagnose lag vor, aber ein weiter Weg war noch zu gehen. Zu der Zeit jedoch, als P. Arrupe die Erklärungen abgab, bereitete Papst Johannes Paul I., der gerade erst gewählt worden war, eine ziemlich strenge Ansprache vor, die er bei der Audienz für die Prokuratoren halten wollte. Der Papst starb am Vorabend des für diese Audienz festgelegten Tages, aber Pater Arrupe bat darum, daß man ihm die Ansprache, die der Papst Luciani vorbereitet hatte, zukommen ließe; er erhielt sie etwas später.

Nun, das 4. Dekret oder, zweifellos noch mehr, seine Ausführung steht hinter einigen markanten Sätzen, die in der Ansprache enthalten sind: „Ihr seid durchaus bewandert in und ihr beschäftigt euch sinnvollerweise mit den großen wirtschaftlichen und sozialen Problemen, die heute die Menschheit prüfen und die so viele Verbindungen mit dem christlichen Leben haben. Aber bei den Versuchen, diese Probleme zu lösen, solltet ihr immer die Aufgaben, die Ordenspriestern zustehen, von denen unterscheiden, die den Laien eigentümlich sind. Die Priester können die Laien inspirieren und ermutigen in der Erfüllung ihrer Pflichten, aber sie dürfen sich nicht an ihren Platz stellen und ihre eigene besondere Aufgabe vernachlässigen, die ‚aktive Verbreitung des Evangeliums' heißt." Etwas früher rief Johannes Paul I. „das geistliche und übernatürliche Ziel (der Gesellschaft) in Erinnerung, dem alle andere Aktivität untergeordnet sei". „Dies Ziel", so fügte er hinzu, „müßte in einer Art und Weise zur Ausführung kommen, die einem Orden und dem Priestertum entsprächen."

Diese Redewendungen sind ein Echo jener Worte, die Paul VI. schon im Jahre 1975 aussprach. – Also, wenn man so will, nichts Neues. Aber es bedeutete dennoch, daß die Sorge, die Paul VI. bewegte, auch drei Jahre später bei seinem Nachfolger noch weiterbestand. Und das, obwohl Johannes Paul I. zu gleicher Zeit der Gesellschaft warme Sympathie und sogar eine große Liebe entgegenbrachte. Von der Gesellschaft erwartete er viel. Er erinnerte an die Worte des Papstes Marcellus II., der auch nur ganz kurz als Papst regierte. Marcellus II. sagte nämlich zum heiligen Ignatius: „Sammle Du die Männer und bilde die Kämpfer aus, wir, wir werden sie einsetzen."

Johannes Paul II. und seine Linie

Ein Jahr später, genau am 21. September 1979, trifft Johannes Paul II. zum erstenmal eine Gruppe von Jesuiten, die offizielle Posten in der Gesellschaft bekleiden. Es handelte sich dieses Mal um die Vorsitzenden der Provinzialkonferenzen, die wie jedes Jahr zur Zeit des Herbstbeginns zusammentraten. Als eine Art Weiterführung der Äußerungen, die seine zwei Vorgänger im Papstamt machten, sagte er ihnen: „Wachet aufmerksam darüber, daß euer Apostolat eines ist, das einem Priesterorden entspricht, bleibt euch des priesterlichen Charakters eurer Aktivität bewußt, und das bis in die verschiedensten und schwierigsten apostolischen Unternehmungen hinein."

Zweieinhalb Jahre später, am 27. Februar 1982, also vier Monate, nachdem der päpstliche Delegat für die Vorbereitung der neuen Generalkongregation ernannt worden war, hielt Johannes Paul II. eine längere Rede vor den versammelten Provinzialen der Jesuiten. Von seiner Ansprache müssen wir in Beziehung auf unser Thema zwei wichtige Abschnitte herausstellen. Der erste ist die Lobrede, die er den sozialen Werken der Missionare der Gesellschaft widmet, wobei er aber diese Werke sorgfältig in die folgenden Worte faßt: „Während es das Hauptziel ihrer Sendung war, den Glauben und die Gnade Christi mitzuteilen, bemühten sie sich darüber hinaus auch noch, die Gemeinschaften, in denen sie arbeiteten, menschlich und kulturell zu fördern, sie suchten ein soziales Leben zu entwickeln, das gerechter wäre und dem Plane Gottes besser entspräche. So hält die Geschichte die berühmten Reduktionen von Paraguay auch heute noch in Erinnerung."

54

Der zweite Punkt steht dort, wo er direkt über die Frage des Einsatzes für die Gerechtigkeit spricht. Damit diese Sätze richtig eingeordnet werden, muß man zunächst einmal darauf hinweisen, daß der Papst vorher schon gefordert hatte, daß zum einen die verschiedenen traditionellen Formen des Apostolats fortgesetzt und angepaßt würden, daß zum anderen aber das Engagement auf den neuen Gebieten des Ökumenismus, der Beziehungen zu den nicht-christlichen Religionen und die Begegnung mit denen, die nicht glauben, ebenso notwendig seien. Und da fügt er dann einen Punkt hinzu, auf den er, wie er sagt, „die Aufmerksamkeit lenken" möchte: „Heutzutage sieht man mit ständig zunehmender Sorge die Notwendigkeit, zusammen mit der Verbreitung des Evangeliums, die in der Kirche geleitet wird, sich auch für die Gerechtigkeit einzusetzen. Wenn man sich über die tatsächlichen Forderungen des Evangeliums Rechenschaft ablegt und zu gleicher Zeit sieht, welchen Einfluß die sozialen Bedingungen auf die Praxis des christlichen Lebens haben, versteht man leicht, warum die Kirche den Einsatz für die Gerechtigkeit als einen wesentlichen Teil der Evangelisierung ansieht." Der Papst greift so einige Worte des 4. Dekrets selbst auf, andere nimmt er aus der Bischofssynode von 1971. Aber er wiederholt auch gleich die Empfehlungen, die seine Vorgänger schon gemacht hatten, das tut er vor allem in einem langen Zitat aus seiner eigenen Ansprache, die er vor Priestern in Rio de Janeiro gehalten hatte. „Auf diesem Gebiet (des Einsatzes für die Gerechtigkeit)", erklärt er, „haben nicht alle die gleiche Funktion; und im Hinblick auf das, was die Mitglieder der Gesellschaft betrifft, sollte man nicht vergessen, daß die Sorge um die Gerechtigkeit, so notwendig sie auch ist, immer im Einklang mit eurer Berufung als Ordensleute und als Priester erfüllt werden muß. Wie ich am 2. Juli 1980 in Rio de Janeiro schon sagte, der priesterliche Dienst muß, ‚wenn er sich wirklich selbst treu bleiben will, vor allem und wesentlich ein geistlicher Dienst sein. Diese Besonderheit muß auch heute betont werden, und zwar von allem gegen die vielfachen Tendenzen, den Dienst des Priesters zu säkularisieren, indem man ihn zu einer rein philanthropischen Funktion herabsetzt. Sein Dienst ist nicht der Dienst eines Arztes, Sozialarbeiters, Politikers oder Gewerkschaftlers. In einigen Fällen könnte der Priester diese Dienste vielleicht leisten, jedoch auch da immer mehr in der Form von Stellvertretung, und in der Vergangenheit haben tatsächlich einige Priester dies in einer bewundernswerten Weise getan. Aber heute werden diese Dienste hinreichend von anderen Mitgliedern der Gesellschaft erbracht, während unser Dienst noch klarer und betonter ein geistlicher Dienst ist. Der Ort, wo der Priester im wesentlichen seine Funktion auszuüben hat, ist die Seelsorge, die Beziehungen der Menschen mit Gott und ihre innere Beziehung zu den Mitmenschen. Dort hat der Priester dem heutigen Menschen seine Hilfe anzubieten. Gewiß, er kann sich nicht in all den Fällen, in denen die Umstände es erfordern, der Pflicht entziehen, durch die Werke der Nächstenliebe und in der

Verteidigung der Gerechtigkeit auch eine materielle Hilfe zu geben. Aber, wie ich schon sagte, letztlich wird es sich da immer nur um einen sekundären Dienst handeln, der niemals dahin führen sollte, daß der grundlegende Dienst aus dem Blickfeld gerät. Bei ihm geht es darum, den Seelen zu helfen, den Vater zu finden, sich ihm zu öffnen und ihn in allen Dingen zu lieben.'"

Johannes Paul II. fuhr fort – und man kann von dort ermessen, wie sehr er auf diesen Punkt insistierte–: „Das 2. Vatikanische Konzil hat den Wert und die Natur des Laienapostolats mehr ins Licht gerückt, es hat die Laien gedrängt, ihren Teil in der Sendung der Kirche zu übernehmen. Aber die Rolle der Priester und Ordensleute ist anders. Sie haben nicht den Platz der Laien einzunehmen, und sie sollten noch mehr als bisher vermeiden, ihre ganz spezifische Arbeit zu vernachlässigen."

In einem Brief vom 25. März 1982, der bis in Einzelheiten hinein den Jesuiten die Wünsche des Papstes mitteilte, stellte der päpstliche Delegat das Apostolat an die erste Stelle. Zunächst unterstrich er den priesterlichen Charakter des Apostolats in der Gesellschaft – gewiß, in weitem Sinne verstanden, entsprechend der jesuitischen Tradition –, dann kam er wieder auf die Besonderheiten des Einsatzes für die Gerechtigkeit, die aber von der Gesellschaft als einem Priesterorden abhänge. „Man kann", so sagte er, „solche Tendenzen nicht gutheißen, die die Verbreitung der Gerechtigkeit nicht mehr als vom Glauben gefordert ansehen, sondern als etwas verstehen, das den Glauben ganz in der Praxis ausdrückt." Einige gingen darum über das 4. Dekret hinaus; sie sprachen nämlich vom Einsatz für die Gerechtigkeit als einer „absoluten Notwendigkeit" des Dienstes am Glauben, nicht als ein „vollkommener Ausdruck" des Glaubens.

Und dann wurde die Rolle des Priesters und ihre Unterscheidung von der der Laien folgendermaßen dargestellt: „Auf dem Gebiet von Wirtschaft, Soziologie und Politik ist es die Rolle des Priesters, zur Gerechtigkeit und zum sozialen Engagement zu erziehen und auch die Laien zu bewegen, ihre Pflichten voll und ganz zu erfüllen, ohne daß sie sich als Priester an die Stelle der Laien stellen. Es ist ebenfalls die Rolle des Priesters, die christlichen Prinzipien, die sich auf das wirtschaftliche, soziale und politische Leben beziehen, bekanntzumachen; die Priester sollen Ungerechtigkeiten anklagen, sie sollen dazu aufrufen, sich um die Verbesserung oder um die Reform der Institutionen zu bemühen; sie sollen die soziale Lehre der Kirche erklären, und das nicht, um für die konkreten Probleme des sozialen und politischen Lebens direkt Lösungen anzubieten. Die Lösungen liegen nämlich in der Kompetenz der Laien. Priester sollen die Lehre als Anleitung vorlegen, damit man über die Prinzipien nachdenkt, die die Suche nach diesen Lösungen beleben sollen; zu gleicher Zeit soll auch über die Irrtümer und Gefahren sowohl des materialistischen Kapitalismus als auch des marxistischen Kollektivismus nachgedacht werden, um so zu vermeiden, daß man von dem einen ungerechten Regime in ein anderes taumelt, das nicht weniger ungerecht ist, auch wenn es eine andere Farbe und eine entgegengesetzte Ideologie hat. Dagegen ist die Teilnahme an politischen Parteien und an direkt politischen Funktionen verboten, es sei denn, daß es in einem tatsächlich außergewöhnlichen Falle mit der Erlaubnis der Bischöfe und des Paters General geschieht."

Der Delegat des Papstes fügte hinzu, „schließlich muß man auch noch darauf hinweisen, daß unter den Gründen für die soziale Ungerechtigkeit, unter der ein so großer Teil der Menschen zu leiden hat, solche, die sich in den Menschen selbst verbergen, längst nicht die unwichtigsten sind. Sie finden sich vor allem bei denen, die die weitreichendsten Verantwortungen haben, im persönlichen Egoismus, den sie in sich tragen, und in den Eigeninteressen, die sie bewegen, selbst wenn sie es nicht zugeben wollen. Um diese Ungerechtigkeiten zu heilen, sind sicher Anstrengungen nötig, eine bessere soziale und politische Ordnung herzustellen. Aber es ist nicht weniger wichtig, daß diese Bemühungen von anderen begleitet sein müssen, von der Bemühung um eine Verbesserung der Menschen selbst oder die religiöse und moralische Reform der Menschen. Nun, dort ist es, wo die dem Priester spezifische Rolle zu suchen ist. Und er muß sich an die Menschen der verschiedensten Gruppen, Tendenzen und Ideologien wenden, die sich oft feindlich gegenüberstehen. Der Priester leistet also einen wichtigen Beitrag zum Einsatz für die Gerechtigkeit, wenn er nur in seinem priesterlichen Dienst den Dienst am Glauben erfüllt."

Intensivierung in der Durchführung des 4. Dekrets

Wie ging in dieser Zeit die Durchführung des 4. Dekrets voran? Bis gegen Ende 1978 ist zunächst keine Erlahmung der Initiativen festzustellen, die seine Richtlinien durchzuführen suchen. Am 5. Oktober 1978, dem Ende der Prokuratorenkongregation, allerdings trat Pater Arrupe schon dafür ein, daß die bisherigen Bemühungen intensiviert werden müßten. Er hatte auch bereits gegen die einseitigen Auslegungen Stellung bezogen. Aufs neue legte er die Bedingungen dar, die für ein wirkliches In-Gang-Setzen des 4. Dekrets nötig wären, nämlich ein „feststehendes geistliches Leben", eine Art von Spiritualität, „die niemand ohne ein ständiges Gebet, das unserer Arbeit Sinn gibt, bewahren kann". „Erlauben Sie mir, es erneut zu betonen", sagte er, „auch wenn das gegen alle Regeln der Redekunst verstößt: Mehr Gebet ist nötig, ein persönliches, vertieftes und langes Gebet, und wir müssen uns auch darauf verstehen, es mit anderen zusammen vorzunehmen." Ein echter „Glaubenseifer" muß da sein. – Pater Arrupe rief hier ein Wort in Erinnerung, das einer der ersten Jesuiten, Pater Nadal, der Ignatius nahestand, sagte: „Die Gesellschaft ist Glaubenseifer." Zu gleicher

Zeit handelte es sich für ihn tatsächlich darum, die Forderung, daß das 4. Dekret grundsätzlicher und radikaler durchgeführt werde, vorzutragen: „Wenn ich die Herausforderung betrachte, die da vor uns steht und die zweifellos schon in der nahen Zukunft schwerwiegender und drängender wird, komme ich zu folgendem Schluß: Die Antwort der Gesellschaft muß sofort und in Eile gegeben werden, sie muß geboren sein aus der Überzeugung, daß es sich da um einen unausweichlichen Imperativ unseres Charismas handelt, mit dem wir der Kirche und der Welt dienen wollen. Diese Antwort müßte kühn sein, sie muß großzügig sein und zugleich von einer Ergebenheit, die alle persönliche und institutionelle Unbeweglichkeit übersteigt."

Die Provinziäle der Vereinigten Staaten zeigten sich über diese drängende Sprechweise überrascht und meinten: „wie wenn man bisher überhaupt nichts getan hätte". Und in der Tat, in den USA wie auch in einigen anderen Staaten fehlte es nicht an Initiativen, und sie gingen sogar über den Bereich des sozialen Apostolats im engeren Sinne hinaus. Zum Beispiel bemühte sich die Assoziation der Jesuiten für die Sekundarerziehung, die zur Unterstützung der Sekundarschulen der Jesuiten in den USA gebildet wurde, mit Versammlungen und Veröffentlichungen eine wahrhaft dynamische Integration des Einsatzes für die Gerechtigkeit in der Erziehung in Gang zu setzen. Eine der Publikationen, die so verteilt wurden, trägt den Titel: „Den Samen von Glaube und Gerechtigkeit säen." (Sowing seeds of Faith and Justice.) Untertitel: „Die Formung christlicher Bürger." Das kleine Büchlein war das Werk von Robert Staratt aus der Provinz Neu-England.

Die 3. Generalkonferenz der lateinamerikanischen Bischöfe, die Anfang 1979 in Puebla stattfand, gab in der apostolischen Arbeit neue Motivationen zum Einsatz für die Gerechtigkeit in Lateinamerika. Sie gab auch Pater Arrupe die Gelegenheit, neue Erklärungen hinzuzufügen. Zunächst geschah das in einem Brief vom 5. November 1979, den er an die Provinziäle von Lateinamerika richtete, nachdem er sie in Lima getroffen hatte. Er machte sich dabei den folgenden Satz aus dem Dokument von Lima zum Leitmotiv: „Es ist die grundlegende Sendung der Kirche, in dem Hier und Jetzt, zugleich mit dem Blick auf die Zukunft das Evangelium zu verkünden." Pater Arrupe war der Meinung, die meisten Menschen in Südamerika hätten einen tiefen Glauben. Dieser Glaube müsse „verteidigt, geformt und gereinigt" werden, und er müsse ebenfalls „ausgebreitet" werden.

Andererseits sagte Pater Arrupe, angesichts „der Ungerechtigkeiten und Ungleichheiten" könne man einer Grundeinstellung zugunsten der Armen (option preferentielle en faveur des pauvres) nicht ausweichen. Es gelte wohl darüber zu wachen, daß die „wirtschaftlichen und politischen" Aspekte dieser Grundeinstellung in der Gesellschaft nicht an die erste Stelle träten. Es handelt sich in der Tat nicht darum, das Priestertum oder das Ordensleben, zwei Besonderheiten der

Gesellschaft Jesu, auf diese Aspekte zu konzentrieren oder zu „polarisieren". Und weiter, bei den Jesuiten gibt es in den verschiedenen Zweigen ihres Apostolats nicht nur eine einzige Art und Weise, zum Dienst an den Ärmsten und zur Verbreitung der Gerechtigkeit beizutragen, es gibt mehrere. – Ein Jahr später, am 8. Dezember 1980, schickte Pater Arrupe den Provinziälen in Lateinamerika auch Anweisungen und Richtlinien, die über die Anwendung der marxistischen Analyse sprachen: wir kommen in einem späteren Kapitel darauf zurück.

Eine sehr bedeutungsvolle Initiative Pater Arrupes bezog sich in dieser Periode auf die Flüchtlinge. Es war Ende 1979, kurz vor Weihnachten. Eines Abends, als Pater Arrupe ein vertrauliches Gespräch mit seinen Assistenten hatte, faßte er die letzten dramatischen Nachrichten über die „Boat people" (Bootflüchtlinge) in Südostasien zusammen. Er hatte schon bald den Gedanken, im Zusammenhang mit diesem Drama die großherzige Mitarbeit der Provinzen der Gesellschaft Jesu, die am leichtesten die Mittel dazu zur Verfügung hätten, aufzurufen und etwas zu unternehmen. Schon am nächsten Morgen ließ er Telegramme an etwa 20 Provinziäle verschicken, zum fernen Orient und nach Indien, ebenso nach Europa und nach Nordamerika. Einige Monate später sagte er dazu: „Das Echo war bemerkenswert. Es kamen sofort Hilfsangebote; Menschen, Material und Know-how standen bereit. Ebenso wurden Nahrungsmittel, Medikamente und Geld angeboten. In mehr als einem Lande bemühte man sich, auch über die Medien auf die Regierungen einzuwirken oder auf private Einrichtungen, die die Möglichkeiten hatten einzuschreiten. Man erbot sich ebenso für die pastorale Arbeit wie für Organisationsarbeit zum Nutzen der Flüchtlinge."

Das war der Ausgangspunkt zahlreicher Initiativen, die dazu führten, daß Jesuiten sehr verschiedener Länder gemeinsam an Hilfsmaßnahmen arbeiteten. Sie halfen vor allem in pastoraler und in moralischer Hinsicht in den Flüchtlingslagern verschiedener Länder, in Thailand zum Beispiel, in Cambodia, Indonesien, unter den Schwarzen in Afrika und in Mittelamerika. Es entstand unterdessen in Rom auch schon ein kleines Zentrum, Jesuit Refugee Service genannt, und andere Zentren, kontinentale, entstanden in Südostasien (Bangkok) und in Afrika (Nairobi). Dieser Dienst ist bisher in Wirklichkeit geringer, als er bei der Lektüre dieser Paragraphen erscheinen könnte, aber er ist trotzdem bedeutungsvoll.

Es gibt unterdessen auch ziemlich viele andere Initiativen, die ähnlich sind. Sie sind meist lokal und haben unterschiedliche Wirkungsbereiche. Zum Beispiel die Bemühungen um die Versöhnung von Nordirland; oder der langjährige Aufenthalt von Jesuiten im Gebiet der Appalachen in den USA, wo die Wirtschaftsflaute bekanntlich sehr lange anhielt; ebenso der Aufenthalt einer ganz neu gebildeten Jesuitenkommunität, die sich mehrere Jahre in dem Gebiete von Süditalien aufhielt, das durch das große Erdbeben von 1980 am meisten betroffen war und in dem etwa 3000 Menschen ums Leben kamen. . . .

Im Frühjahr 1980 versammelte Pater Arrupe eine Gruppe von Vertretern der Arbeitermission der Jesuiten in Europa. Das war ein Wunsch, der über lange Zeit hinweg in ihm gereift war, und er führte wiederum zu einem bedeutungsvollen Ereignis. Die Arbeitermission, in der vor allem die Arbeiterpriester wirkten, bestand hier und dort, zum Beispiel in Frankreich, schon seit mehr als 30 Jahren. Aber Pater Arrupe gab ihr durch seine Geste eine Bestätigung, die sie noch nie erhalten hatte. Am 6. April veröffentlichte er dann die „Reflexionen", die ihm diese Versammlung eingegeben hatte. Es ist ein wertvolles Dokument, das auch weit über die Gesellschaft Jesu hinaus von verschiedenen Zeitungen und Zeitschriften aufgegriffen wurde und durch die Welt ging.

Von Pater Arrupe ist auch weiter noch zu erwähnen, daß er Anfang 1981 eine Konferenz über die Liebe (charité) einberief, die einen Titel trug, der aus dem Brief an die Epheser entnommen war: „In der Liebe verwurzelt und auf sie gegründet." Das war einige Monate nach der Veröffentlichung der Enzyklika Johannes Paul II. über die Barmherzigkeit. Pater Arrupe hatte bereits an dieser Ansprache gearbeitet, bevor die Enzyklika angekündigt worden war. Er hielt es für notwendig und dringend, auf diese schwerwiegende Frage zurückzukommen: auf die Beziehung nämlich zwischen dem Einsatz für die Gerechtigkeit und der Liebe im vollen christlichen Sinne des Wortes.

Unruhe in den Jahren 1980–82

Es ist nicht zu leugnen, daß zu dieser Zeit die dringlichen und wiederholten Bemerkungen des Papstes, die er im Zusammenhang mit dem 4. Dekret, seiner Auslegung und seiner Ausführung machte, daß ebenso die Spannung, die offenbar wurde, als Johannes Paul II. die Einberufung der Generalkongregation im Jahre 1980 aufschieben ließ, eine gewisse Unruhe hervorzurufen begannen. Sie führten sogar hier und dort zu Ratlosigkeit und Bestürzung bei denen, die ihr Herz entschlossen auf die Ausführung des Dekretes gerichtet hatten. Diese Situation zeigte sich dann ganz deutlich, als der Papst im Oktober 1981 eingriff (d. h., er übertrug einem [vom Papst bestimmten Jesuiten als] päpstlichen Delegaten auf unbestimmte Zeit die Geschäfte des Jesuitengenerals).

Man überprüfte sich in der Gesellschaft Jesu erneut, und auch sehr aufmerksam, obgleich manchmal das Gefühl aufkam, daß der Zweifel des Papstes letztlich nicht nur die Mißbräuche und die einseitigen Auslegungen zum Ziel hatte, sondern sogar den Kern des 4. Dekretes. . . . Zum Beispiel, etwa 40 Jesuiten aus dem Norden von Lateinamerika, die sich seit mehreren Jahren schon sehr für die Verbreitung der Gerechtigkeit eingesetzt hatten, kamen Ende Juli 1982 in Jintepec, in der Nähe von Cuernavaca (Mexiko), zusammen, um den Weg, den sie hinter sich gebracht hatten, auszuwerten. Nun, das war ohne Zweifel eine kritische Selbstprüfung, sogar eine scharfe Selbstkritik, die auch die Vereinfachungen gewisser Einstellungen anging, die bisweilen vertreten worden waren. Man realisierte seither mehr, welcher Unterschied doch bestand zwischen einem Einsatz für die Gerechtigkeit in wahrhaft apostolischer Hinsicht und den Zielen der politischen Parteien, die geschickt darauf aus sind, die Bürgerorganisationen, die aus der pastoralen Arbeit hervorgehen, für sich zu beanspruchen. In derselben Weise schien es wichtig, daß keine soziale Arbeit losgelöst von jeglicher pastoralen Arbeit übernommen würde. Und man unterstrich weiterhin, daß es für Jesuiten in jedem Falle wichtig sei, ein ganz ausgeprägtes geistliches Leben zu pflegen. So zeigte sich also, daß mehrere Jesuiten, die für einige Zeit auf ziemlich weltliche Einstellungen abgeglitten waren, das geistliche Leben wieder entdeckten. Mit diesen Gedanken kehrten die Teilnehmer der Versammlung in Jintepec in ihre Länder zurück, sie bewahrten sich ein gutes Maß an Überzeugung, daß der Einsatz für die Gerechtigkeit wichtig sei. Sie äußerten allerdings auch die Bedenken, die wir oben erwähnt hatten: war es nicht das 4. Dekret selbst, das Gegenstand des Verdachts bei den Autoritäten der Kirche geworden ist?

Im Jahre 1983: Abschluß, Bestätigung und Neubeginn

Das 4. Dekret stand wiederum im Mittelpunkt der Erwägungen, als sich Anfang 1983 die Provinzkongregationen versammelten, um die Generalkongregation vorzubereiten, die im nächsten Herbst stattfinden sollte. Die meisten Postulate der Provinzkongregationen befaßten sich damit. Angesichts so vieler Probleme, die sich nach dem In-Kraft-Treten des 4. Dekrets einstellten, forderte man Klarstellungen. Aber es wurde auch der Wunsch laut, und oft von denselben Personen, daß klare Bestätigungen gegeben würden, um das allgemeine Zögern, das sich breitgemacht hatte, verschwinden zu lassen. Das war also eine Aufgabe, die nicht ohne Schwierigkeiten war.
Die 33. Generalkongregation behandelte dies Problem lange. Sie legte sich schließlich auf einen kurzen Text fest, dessen wesentlichen Punkte jetzt herausgestellt werden müssen. Denn, kurz gesagt, es ist dieser Text, der jetzt nach Ablauf von 8 Jahren den genauen Stand des 4. Dekrets der vorhergehenden Kongregation festlegt.
Die Bilanz dieser Jahre ist, wenn man alles berücksichtigt, sehr positiv. Darauf weist die Kongregation zunächst einmal hin, obwohl so viele Ereignisse vorkamen, die Beunruhigungen mit sich bringen konnten. Dieser Standpunkt zeigt sich in einer Atmosphäre von Vertrauen und Demut, die in der Einleitung folgendermaßen ausgedrückt ist:

„Zuversichtlich sprechen wir, weil wir glauben, daß die Weisungen der 31. und 32. Generalkongregation ganz in der Richtung jener Erneuerung liegen, die vom Zweiten Vatikanischen Konzil, von den Bischofssynoden und auch von den letzten Päpsten in der Kirche eingeleitet worden ist. Bescheiden aber sprechen wir, weil uns die Schwierigkeiten dieses Unterfangens bewußt geworden sind und weil wir unser Versagen anerkennen, den Erfordernissen einer umfassenden Verkündigung des Evangeliums in der heutigen Welt nicht voll entsprochen zu haben, wie es unsere Berufung als Ordenspriester und -brüder verlangte." (Nr. 29)

Die 33. Generalkongregation erklärt diese positiven Gesichtspunkte noch weiter:

„Die letzten Jahre waren für uns alle als einzelne wie als Gemeinschaft eine Zeit der Gnade und der Umkehr. Wir haben beachtliche Anstrengungen unternommen, um dem Atheismus und der Gleichgültigkeit unserer säkularisierten Welt realistischer zu begegnen. Unser geistliches Leben wurde bereichert durch Gelegenheiten, uns ‚zusammen mit' Jesus ‚abzumühen' im größeren Dienst für das Reich Gottes. Diese Nähe zu unserem Herrn, wie sie uns in den Exerzitien vor Augen gestellt wird, brachte uns den Armen näher, mit denen sich Jesus selbst identifiziert hat; das wiederum führte dazu, daß manche von uns um seines Namens willen verfolgt wurden, wie er es seinen Jüngern vorausgesagt hat." (Nr. 31)

Wie man sich leicht denken kann, listete die 33. Generalkongregation auch in aller Offenheit die Mängel oder die Schwierigkeiten auf, die im Wege standen.

„Die Auslegung des Dekrets 4 der 32. Generalkongregation war mitunter ‚unvollständig, einseitig und unausgewogen'. Wir hatten nicht immer klar vor Augen, daß wir die soziale Gerechtigkeit im Licht der ‚Gerechtigkeit des Evangeliums' anstreben müssen, die ein Ausdruck der Liebe und Barmherzigkeit Gottes ist. Wir haben noch kaum erfaßt, daß wir uns hier total auf eine Sendung einlassen müssen, die nicht eine Aufgabe unter anderen ist, sondern ‚das, was alle unsere Arbeiten zu einer Einheit verbindet'. Es fiel uns schwer einzusehen, wieso die Kirche in jüngster Zeit so sehr auf gesellschaftliche Strukturveränderungen drängte und worin unsere spezifische Rolle in der Zusammenarbeit mit den Laien bei diesem Umwandlungsprozeß besteht." (Nr. 32)

Es sind Mängel in verschiedener Hinsicht, sie stammen jedoch vor allem aus der Tendenz, den Begriff der Gerechtigkeit auf ein allzu menschliches Verständnis von Gerechtigkeit zurückzuführen, das Sozialapostolat unter den anderen Richtungen des Apostolats ungebührlich vorzuziehen oder auch die den Laien eigene Rolle nicht genügend zu achten.

Auf der 33. Generalkongregation gab man ebenfalls zu, daß Spannungen in der Gesellschaft und auch um sie herum bestanden haben. – Warum auch nicht? –

Darüber hinaus, so fügt die Kongregation hinzu, „haben einige mitunter in einseitiger Weise einen Aspekt dieser Sendung hervorgehoben und einen anderen dafür vernachlässigt. Doch weder ein Spiritualismus, der die Menschwerdung nicht ernst nimmt, noch ein rein diesseitiger Aktivismus dienen wirklich der unverkürzten Verkündigung des Evangeliums in der heutigen Welt. Die Erfahrungen der letzten Jahre haben zunehmend eines deutlich gemacht: je mehr ein Jesuit in einem Milieu und in Strukturen arbeitet, die dem Glauben fremd sind, um so mehr muß er seine eigene Identität als Ordensmann und seine Verbundenheit mit der ganzen Gesellschaft mittels der Kommunität stärken, zu der er gehört und durch die er mit dem Orden konkret verbunden ist." (Nr. 33) Später versuchte dann die Kongregation ein Bild von der Situation der Welt zu zeichnen, in dem nicht die in strengem Sinne wirtschaftlichen und sozialen Faktoren bestimmend sind:

> „Wenn wir die Welt betrachten, wird deutlich, daß in vielen Bereichen die Verhältnisse in wachsendem Maße der Verbreitung des Gottesreiches feindlich sind. Die herrschenden Ideologien und die politischen, wirtschaftlichen, sozialen und kulturellen Systeme verhindern oft im nationalen wie im internationalen Rahmen eine Befriedigung selbst der elementarsten Bedürfnisse der Menschen. Der alles infizierende Materialismus und der übertriebene Kult der Autonomie des Menschen trüben bis zur Blindheit den Blick und den Sinn für die göttlichen Dinge, so daß sie schließlich in Vergessenheit geraten und die Herzen vieler kalt und leer werden. Der Glaube wird immer schwächer und der Atheismus – der theoretische wie der praktische oder der institutionelle Atheismus – tritt überall zutage. Die Weigerung der Menschen, einen liebenden Schöpfergott anzuerkennen, führt zur Leugnung der Würde der menschlichen Person und legt den Grund für die Zerstörung der Umwelt. Die Armut so vieler Menschen und Völker, der Hunger in der Welt, die grausame Unterdrückung und Diskriminierung, der erschreckende Rüstungswettlauf und die drohende atomare Gefahr: all das macht deutlich, in welchem Ausmaß die Sünde die Herzen der Menschen und die moderne Gesellschaft verseucht hat." (Nr. 35)

Die Krise des Glaubens und die Krise der Werte werden sicher genauso empfunden wie die ganze soziale, wirtschaftliche oder politische Krise, auch wenn die Schärfe des Hungers und der Armut, der Unterdrückung, der Diskriminierung und der Bedrohung des Friedens uns ständig vor Augen stehen. Die Kongregation zählt dann jedoch auch Zeichen der Hoffnung auf, die sich auf einem weiten Horizont abzeichnen und sich zu einem großen Teil auf religiöse Werte beziehen: „Jedoch", so sagt sie, „inmitten dieser bedrängenden Wirklichkeit sehen wir auch Zeichen der Zeit, die uns Hoffnung und Zuversicht geben. In der ganzen Welt wächst der Sinn für die solidarische Verbundenheit der Menschheitsfamilie; vielen, vor allem jungen Menschen wird bewußt, daß es ein Unrecht wäre, Elend und Unterdrückung noch länger hinzunehmen. Die Kirche hat aus dem Zweiten Vatikanischen Konzil neues Leben geschöpft und drückt das, was sie ist, in neuen Formen des Gemeindelebens aus. Sie versucht auch, auf neuen Wegen dem Frieden und der Gerechtigkeit zu dienen. Religionen und Kulturen der Welt erfahren eine Art Neubelebung, und nicht wenige suchen in unserer Zeit nach einem tieferen Sinn; das zeigt sich zuweilen in intensiveren Formen der Meditation und des Gebets." (Nr. 36)

Hier kommen wir schließlich zum Kern der Stellungnahme, die die 33. Generalkongregation sich zu eigen machte: sie besteht einmal darin, daß die Kongregation mit Nachdruck die Forderungen annimmt, die der Papst an die Jesuiten gerichtet hatte, dann aber auch darin, daß sie die Richtlinien der 32. Generalkongregation, vor allem das 4. Dekret, in diesem Rahmen bestätigte, denn die Gesellschaft meinte, sie könne und müsse es.

Die Kongregation faßte die Forderungen des Papstes folgendermaßen zusammen:

„Zu Beginn der 33. Generalkongregation nannte uns Papst Johannes Paul II. erneut seinen nachdrücklichen Wunsch: Die Kirche erwartet von der Gesellschaft heute, daß sie wirksam zur Verwirklichung des Zweiten Vatikanischen Konzils beiträgt. Er wiederholte den Auftrag, dem Atheismus entgegenzuwirken und an jener tiefen Erneuerung der Kirche mitzuarbeiten, deren sie in unserer säkularisierten Welt bedarf. Er forderte uns auf, das Apostolat auf unseren traditionellen Gebieten – religiöse Vertiefung, Jugenderziehung, Priesterausbildung, Studium der Philosophie und Theologie, Erforschung unserer von Geistes- und Naturwissenschaften geprägten Kultur, Missionstätigkeit – besser den unterschiedlichen Erfordernissen von heute anzupassen. Er ermutigte uns zugleich, auch den Ökumenismus, die Beziehungen zu den nichtchristlichen Religionen und die genuine Inkulturation besonders zu pflegen. Schließlich machte uns der Papst, als er über unser Apostolat sprach, auf die Notwendigkeit aufmerksam, uns in einer unserem Institut als priesterlichen Ordensgemeinschaft gemäßen Weise und im Rahmen des Heilshandelns der Kirche einzusetzen für die Förderung der Gerechtigkeit, die mit dem Frieden verbunden ist, den alle Völker ersehnen." (Nr. 37)

Die Kongregation nahm diese „richtungsweisenden Worte des Papstes an die Gesellschaft dankbaren Herzens an und ist bereit, darauf nach besten Kräften einzugehen". (Nr. 38) Sie fuhr dann fort:

„Zugleich bestätigen wir die Sendung der Gesellschaft Jesu, wie sie von der 31. und 32. Generalkongregation formuliert wurde, bei letzterer vor allem in den Dekreten 2 und 4. Darin wird die Formula Instituti und das Charisma des heiligen Ignatius für unsere Zeit übersetzt. Sie umreißen unsere

Sendung heute so klar und tief, daß wir sie auch in Zukunft bei der Auswahl unserer Arbeiten vor Augen haben müssen. Hervorstechende Merkmale unserer Sendung sind demnach:

- die Einheit des Dienstes am Glauben und der Förderung der Gerechtigkeit in einer unteilbaren Sendung;
- die Universalität dieser Sendung, die alle unsere Arbeiten durchdringt;
- die geistliche Unterscheidung, die zur Erfüllung dieser Sendung notwendig ist;
- die Übertragung dieser Sendung an die Gesellschaft als ganze." (Nr. 38)

Der nächste Teil des Dokuments arbeitet diese Bestätigung weiter aus, indem er auf die Forderung der „bedeutungsvollen Einfügungen" zurückkommt und auf die Notwendigkeit der Analyse der kulturellen und sozialen Gegebenheiten, der Inkulturation, der Grundentscheidung und der „vorzugsweisen Liebe" für die Armen, alles typische Züge des 4. Dekrets.

Gewiß, die 33. Kongregation drückt auch die Meinung aus, daß man unrecht hatte, als man vom 4. Dekret ein Mißtrauen gegen die Rechtmäßigkeit des Erziehungsapostolats oder in bezug auf die intellektuelle Arbeit, die Forschung, ableitete. „Der Erziehung und dem intellektuellen Apostolat soll unter den apostolischen Aufgaben der Gesellschaft besondere Bedeutung zugemessen werden" (Nr. 44), so heißt es. Sie sind ein ausgezeichnetes Mittel, „tiefen und dauerhaften Einfluß auf einzelne und auf die Gesellschaft auszuüben". Und: „Wenn sie ihre Arbeit wirklich im Sinne unserer Sendung heute tun, tragen sie wesentlich bei zu jener ‚völligen Befreiung des Menschen, die zu einer Teilnahme am Leben Gottes führt'." (Nr. 44)

Das Zitat, das diese weite Schau von Befreiung in sich birgt, ist aus dem 2. Dekret der 32. Generalkongregation. Die 33. Kongregation selbst unterstreicht in diesem Sinne, daß nach der Formula Instituti der Gesellschaft unsere Sendung darin besteht, daß wir „dem Menschengeschlecht das ganze Heil in Jesus Christus vermitteln, ein Heil, das schon in diesem Leben beginnt, das aber erst im ewigen Leben seine Vollendung findet".

Am Ende dieser abwechslungsreichen Geschichte kann man also doch sagen, daß das 4. Dekret steht. Es muß nur in seinem vollen Sinne verstanden werden: „Der Dienst am Glauben und der Einsatz für die Gerechtigkeit, wenn sie in einer integrierten Form verstanden werden", wie eine Formel der 33. Kongregation es ausdrückt. Sie muß auch im Rahmen der Aufrufe des Papstes verstanden werden, der ja der Hauptträger (auteur) der Sendung in der Gesellschaft ist. Diesen Aufrufen liegt eigentlich die Forderung zugrunde, die Arbeit für eine tiefgreifende Erneuerung der Menschheit gemeinsam zu leisten, so wie das 2. Vatikanische Konzil es verlangte.

Es ist andererseits nicht umsonst gewesen, daß so viele Kontroversen aufkamen, auch nicht, daß die Päpste so häufig eingriffen. Das Projekt der 32. Generalkongregation geht mit klareren Konturen, mit einer genaueren Gestalt daraus hervor.

So ist es leichter, deutlich zu machen, was heute feststeht. Man kann hinzufügen: was feststeht vom Standpunkt des Heiligen Stuhles in Anbetracht seiner Mitteilungen seit 1975 und im Hinblick auf die Zufriedenheit, die Johannes Paul II. ausdrückte, als die Resultate der 33. Generalkongregation vorlagen.

Wir werden die nächsten Kapitel dazu benutzen, einen Bericht über das Erreichte zu geben. Zunächst einmal soll auf der Ebene der Theologie eine theologische Vertiefung der Lehre erarbeitet werden, die dem 4. Dekret zugrunde liegt. Dann wollen wir auf der Ebene der Lehre von der Kirche oder, wenn man so will, über die Auffassungen von der Sendung der Kirche oder von der Sendung der Gesellschaft sprechen, wie sie im 4. Dekret zu finden sind. Und am Schluß messen wir auch noch in derselben Weise das Erreichte im Hinblick auf Einzelaspekte: Beitrag zur Wandlung der Strukturen, die Solidarität mit den Armen, die Einfügung (insertion) und das politische Engagement.

Anmerkung

Dieser Text steht in der „Dokumentation Catholique", 1980, S. 645–649.

II. Teil
Theologische Vertiefungen

5. Kapitel

„Vollkommene Gerechtigkeit des Evangeliums"

Die erste Frage zum 4. Dekret betraf häufig den Begriff der Gerechtigkeit. Darum müssen wir zunächst die Bedeutung dieses Begriffs bestimmen. Von welcher ‚Gerechtigkeit' sprechen sie? – So fragten einige Jesuiten, die nach der 32. Generalkongregation und der Veröffentlichung des 4. Dekrets unzufrieden oder beunruhigt waren.

Was wollten sie damit tatsächlich sagen? – Die einen, so scheint es, meinten, man wolle sie in den Dienst einer ganz profanen Sache stellen, einer rein menschlichen Gerechtigkeit, und würde damit die eigentliche Mission der Gesellschaft Jesu verraten. Hat das Wort Gerechtigkeit nicht einen ganz anderen Sinn in den Schriften des heiligen Paulus? – Andere glaubten, man spräche von einer Gerechtigkeit, die direkt und ausschließlich auf die Wirtschaft bezogen sei, von sozialer Gerechtigkeit, nicht von der vollständigen Gerechtigkeit. Und einige argwöhnten sogar, ob da nicht eine Ansteckung vom Marxismus sichtbar werde. Noch eine andere Frage wurde hörbar: in welcher Beziehung sollte die Gerechtigkeit zur Liebe stehen? Wir müssen herausfinden, welche Antworten auf diese verschiedenen Fragen gegeben werden können.

Es handelt sich sehr wohl um die Gerechtigkeit unter den Menschen

Da nicht alle diese Punkte auf einmal geklärt werden können, wollen wir mit einer wichtigen Feststellung beginnen, aber sie wird in keiner Weise schon alles sein, was wir dazu sagen möchten: Ja, im 4. Dekret handelt es sich um die Gerechtigkeit unter den Menschen. Suum cuique tradere, jedem das geben, was ihm zusteht, das ist die Bedeutung von Gerechtigkeit, wie sie in der Tradition klar definiert wird. Und diese Definition bezieht sich auf alle Güter, deren sich die Menschen erfreuen können: einerseits sind es materielle Güter, andererseits immaterielle Güter, die aber auch von dieser Welt sind, zum Beispiel Ansehen, Würde, die Möglichkeit seine Freiheit auszuüben.

Die Jesuiten haben keinen Grund überrascht zu sein, daß man zu ihnen von Gerechtigkeit sprach und daß man so davon sprach. Hatte nicht schon die 31. Generalkongregation im Jahre 1965 vom Sozialapostolat gesagt, es geschehe „in vollkommener Übereinstimmung mit dem apostolischen Ziel der Gesellschaft Jesu"? „Es befaßt sich unmittelbar damit, die Strukturen des menschlichen Zusammenlebens selbst, soweit wie möglich, mit dem Geist der Gerechtigkeit und Liebe zu durchdringen." (Anm. 1)

Pater Jean-Baptiste Janssens, der Generalobere der Gesellschaft vor Pater Arrupe, hatte 1949 das Ziel dieses Apostolats in folgender Weise definiert: „Mit allen Kräften und soweit es die Umstände hier auf Erden überhaupt nur zulassen dafür zu sorgen, daß die zeitlichen und geistigen Güter, auch der natürlichen Ordnung, allen Menschen reichlich oder doch wenigstens in dem Maße zukommen, das der Mensch braucht, um sich nicht unterdrückt und verachtet zu fühlen." (Anm. 2)

Das 4. Dekret der 32. Generalkongregation dehnt wohl die Perspektive auf das gesamte Apostolat der Jesuiten aus, spricht aber ansonsten in derselben Weise von Gerechtigkeit; genauer gesagt, es spricht über Gerechtigkeit und Ungerechtigkeiten, ebenso über Güter und Ressourcen. Und es ist sogar sehr wichtig, unter den Christen so über Gerechtigkeit zu sprechen: es gab nämlich in der Tat Zeiten, wo man zu wenig von Gerechtigkeit sprach, wo man sehr schwere Verpflichtungen im unklaren ließ, um die Aufmerksamkeit mehr auf die Liebestätigkeit zu lenken, die großherzig und freiwillig, ja ein Werk der Übergebühr war, die aber in Gefahr war, ein Ausdruck von Überheblichkeit zu sein.

Die Gerechtigkeit ist in einem sehr weiten Sinne verstanden

Jedoch spricht das 4. Dekret, übrigens auch die Bischofssynode von 1971, über Gerechtigkeit nicht nur in dem direkten und präzisen Sinn, der üblich ist, wenn es sich um klar umrissene Verpflichtungen handelt, auf die sich die einfachen Worte „suum cuique tribuere" (jedem das Seine) beziehen. Es spricht oft über die Gerechtigkeit in einem weiteren Sinne, der dann gebräuchlich ist, wenn man vor Situationen steht, die menschlich nicht tragbar sind und die nach Abhilfe verlangen. Diese Situationen können das Ergebnis offensichtlich ungerechter Handlungen sein, die von recht entschlossenen Menschen begangen wurden, wo es aber nicht möglich zu sein scheint, diese Menschen dazu zu bewegen, daß sie das Unrecht wiedergutmachen oder es abstellen: und doch ist Hilfe nötig. Durch Menschlichkeit, wenn man so will, aber es ist im Grunde doch Gerechtigkeit gefordert; denn die Menschenwürde kann, da die Menschen in einer Gesellschaft zusammen leben, nicht anders wiederhergestellt werden. Es gibt auch Fälle objektiv ungerechter Situationen, in denen man vergeblich nach Menschen suchen würde, die als verantwortlich für die Ungerechtigkeit identifiziert werden könnten. Die Ungleichheit unter den Menschen ist häufig von dieser Art. Sie schreien zum Himmel, wenn sie erst einmal aufgedeckt sind. Es sind Ungerechtigkeiten, auch wenn sie es nur auf der objektiven Ebene sind.

Auf dies alles dehnt sich in der Tat das Interesse an der Gerechtigkeit aus, wie es sich im Dekret 4 findet. Es handelt sich also nicht um eine enge, starre und einschränkende Vorstellung von der Gerechtigkeit. Man erkennt das an einem Paragraphen wie dem folgenden, wo es wenigstens zum Teil um „strukturelle" Ungerechtigkeiten geht: „Unsere Welt ist gekennzeichnet von einer wachsenden gegenseitigen Abhängigkeit und einer Spaltung durch Ungerechtigkeit, durch Unrecht, das nicht nur von Personen begangen wird, sondern eingedrungen ist in sozio-ökonomische und politische Institutionen und Strukturen, die das Leben der Nationen und der internationalen Gesellschaft beherrschen." (Anm. 3) Dies geht gewiß über die einschränkend festgestellten Verantwortungsbereiche hinaus. Das ist ebenso der Fall, wenn es heißt: „Millionen von Menschen mit Namen und Gesicht leiden heute unter Armut und Hunger, unter der ungleichen und ungerechten Verteilung der Güter und des Reichtums, . . ." (Anm. 4). Es handelt sich nicht immer um Ungerechtigkeiten, deren Ursprung heilbar wäre, aber die Situation ist dennoch ungerecht, untragbar.

Dasselbe gilt, wenn das Dokument hinzufügt: „Überall ist das Leben des Menschen und seine Würde ständig bedroht. Trotz unserer technischen Möglichkeiten wird es immer deutlicher, daß der Mensch nicht bereit ist, den Preis für eine gerechtere, menschlichere Gesellschaft zu zahlen." (Anm. 5)

In diesem Zusammenhang geht es deshalb nicht so sehr darum, in der Vergangenheit oder in der Gegenwart die Verantwortlichen für die Situation zu identifizieren, es geht vielmehr darum, die Verantwortung zu betonen, die uns allen obliegt, – die in jedem Falle allen denen obliegt, die sich ihrer bewußt werden – wenigstens jetzt Abhilfe zu schaffen, wo uns doch dafür die Mittel zur Verfügung stehen. (Allerdings kann man sich fragen, ob nicht hier und da ein etwas übertriebenes Vertrauen auf die „Möglichkeiten, die uns durch die Technik offenstehen", vorliegt.)

Ein anderer Satz könnte den Anschein erwecken, daß er unserer Integration widerspräche: „Die Ungleichheit und Ungerechtigkeit dürfen nicht mehr hingenommen werden als natürliches Schicksal, vielmehr sind sie bekannt als Werk des egoistischen Menschen." (Anm. 6) Es ist wahr, daß so die Rolle, die die Freiheit des Menschen gespielt hat, in den Vordergrund gerückt wird. Der Hauptpunkt dieses Textes ist jedoch vor allem, es sei noch einmal betont, in der Absage an eine fatalistische Resignation zu sehen, dasselbe gilt von der Aussage, daß wir heute Verantwortung haben. Übrigens hieß es einige Zeilen früher: „Der Mensch könnte heute eine gerechtere Welt schaffen, er will es aber nicht recht." (Anm. 7) Es handelt sich vielmehr um die Verantwortlichkeit in der Gegenwart als um die der Vergangenheit: „Die neuen Möglichkeiten der Herrschaft über die Welt und sich selbst", so heißt es weiter, „gebraucht der Mensch häufiger zur Ausbeutung der einzelnen, der Gruppen und Völker, statt für eine gerechte Verteilung der Güter der Erde. Die Folgen davon sind eher Spaltung und Trennung als Gemeinschaft und Kommunikation, eher Unterdrückung und Beherrschung als Achtung der Menschenrechte im Geiste der Brüderlichkeit." (Anm. 8)

Gerechtigkeit in der Wirtschaft, aber nicht nur dort

Wird die Gerechtigkeit im 4. Dekret nicht ausschließlich im Wirtschaftsleben betrachtet, und dort nicht zu sehr im Sinne von verteilender und ausgleichender Gerechtigkeit?
Wir haben in mehreren Zitaten gesehen, daß man dort in der Tat auf die wirtschaftlichen Ungleichheiten hinweist und in derselben Weise auf Armut und Hunger. Das ist eine Sache von Realismus, um es noch einmal zu betonen, und sehr notwendig. Es ist jedoch klar, daß auch andere Aspekte der Ungerechtigkeit und der Gerechtigkeit betrachtet werden. Zum Beispiel die Bedrohung „des Menschenlebens" und „der Qualität" seines Lebens, „die Rassendiskriminierung und die politische Diskriminierung" (Anm. 9), ebenso der Mangel an Respekt gegenüber den „individuellen und kollektiven Rechten". (Anm. 10)
Trotz allem wurde der Wunsch laut, und nicht ohne Grund, daß man sich genauer ausdrücken sollte in bezug auf gewisse Rechte und auch in bezug auf die Tatsache, daß vor unseren Augen so häufig grobe Verstöße gegen die Wahrheit vorkommen. Es besteht kein Zweifel, daß Johannes XXIII. zum Beispiel in Pacem in Terris die Wahrheit, die Gerechtigkeit, die Solidarität (sogar die Liebe) und die Freiheit (Anm. 11) sehr passend als die Grundlage eines sozialen Lebens der Menschen dargestellt hat.
Die 33. Generalkongregation wies im Jahre 1983 auf eine Reihe wichtiger Gebiete hin, auf die die Gesellschaft ihre Aufmerksamkeit richten sollte. Man findet unter anderem dort (Anm. 12) auch einen rein geistlichen Bereich, der so beschrieben wird: „Die geistliche Not so vieler – vor allem junger – Menschen, die in unserem technischen Zeitalter nach dem Sinn des Lebens und nach Werten suchen." Andererseits findet sich doch auch ein Bereich, der zum Teil spirituell, zum Teil aber auch ökonomisch ist: „Die wirtschaftliche Unterdrückung und die geistliche Not der Arbeitslosen, armer oder ihres Landbesitzes beraubter Bauern und ganz allgemein der Arbeiter . . ." Die anderen Bereiche, die dort angegeben werden,

beziehen sich auf ein großes Feld von Ungerechtigkeiten, die weit über das Wirtschaftsleben hinausgehen. Es sind die folgenden Bereiche:

„– Die Unterdrückung der Menschenrechte durch politische Machthaber oder Systeme: Mord, Einkerkerung, Folter, Verweigerung der religiösen und politischen Freiheit. Darunter haben viele – auch Mitbrüder – schwer zu leiden gehabt;

– die trostlose Lage der Millionen von Flüchtlingen auf der Suche nach einem festen Wohnsitz: darauf hat bereits Pater Arrupe die besondere Aufmerksamkeit der Gesellschaft gelenkt;

– die Diskriminierung verschiedener Menschengruppen, z. B. der Ausländer, sowie religiöser und ethnischer Minderheiten;

– die Ungleichstellung und Ausnutzung der Frauen;

– politische Maßnahmen und soziale Einstellungen, die das Leben von Ungeborenen und von behinderten oder alten Menschen bedrohen."

Wenn also der eine oder andere vorher auch daran gezweifelt haben mag, es wird hier sehr klar, daß die Sendung der Gesellschaft sich auf einen Begriff von Gerechtigkeit bezieht, der so weit wie möglich ist. Sie schließt übrigens ab jetzt in einer sehr expliziten Weise auch ein, daß man sich für den internationalen Frieden einsetzen soll, da ja die Drohungen, die aus dem Wettrüsten in Kernwaffen entstehen, allen immer gegenwärtig sind.

Wir stellen dabei auch fest, daß man sich so der Liste nähert, die die Synode der Bischöfe vom Jahre 1971 in ihrem Dokument „Die Gerechtigkeit in der Welt" über die Opfer der Ungerechtigkeiten aufstellte, die der Möglichkeiten, sich Gehör zu verschaffen, beraubt sind. Es ist der Mühe wert, diesen Text trotz seiner Länge hier wiederzugeben:

„So ist es bei den Auswanderern", sagt die Synode, „sie sind sehr oft gezwungen, ihre Heimat zu verlassen, um Arbeit zu suchen. An vielen Stellen schließen sich aufgrund diskriminierender Einstellungen die Tore vor ihnen. Und wenn man sie einreisen läßt, müssen sie vielfach in Unsicherheit leben, weil sie fast unmenschlich behandelt werden. Dasselbe trifft für die Gruppen zu, die dazu verurteilt sind, auf dem untersten Niveau der sozialen Aufstiegsmöglichkeiten zu bleiben, wie zum Beispiel die Fabrikarbeiter und vor allem die Landarbeiter, die jedoch im Entwicklungsprozeß eine wichtige Rolle spielen. Ganz besonders bedauernswert ist das Los der Millionen von Flüchtlingen aus den Gruppen und Völkern, die oft in systematischer Weise wegen ihrer Rasse, wegen der Zugehörigkeit zu einem bestimmten Volk oder zu einem bestimmten Stamm verfolgt werden. Solche Verfolgungen aufgrund der Herkunft können zu wahren Völkermorden werden.

In zahlreichen Regionen ist die Gerechtigkeit auch bei denen weitgehend beeinträchtigt, die aufgrund ihres Glaubens verfolgt werden, die unaufhörlich und in vielfacher Weise von Seiten politischer Gruppen und Gruppen der öffentlichen Macht einer niederdrückenden atheistischen Propaganda unterworfen sind, oder auch bei denen, die sich aller religiösen Freiheiten beraubt sehen: ob man ihnen nun untersagt, Gott in einem öffentlichen Kult zu ehren, ob man ihnen nicht erlaubt, ihren Glauben öffentlich zu lehren und zu verbreiten, oder ob man ihnen jede zeitliche Aktivität verwehrt, die den Prinzipien ihrer Religion entspricht.

Die Gerechtigkeit kann auch verletzt werden durch die neuen Formen der Unterdrückung, die aus den Einschränkungen der individuellen Rechte hervorgehen, und zwar sowohl in den Unterdrückungen durch politische Macht als auch in Gewaltanwendungen aus privaten Reaktionen heraus, die bis zur äußersten Grenze der Grundbedingungen persönlicher Integrität gehen können. Bekannt sind die Fälle von Tortur, die ganz besonders die politischen Gefangenen betrafen, welchen häufig jeder reguläre Prozeß versagt wird oder die nicht selten der Willkür in der Rechtsprechung unterworfen sind. Man darf ebenfalls auch die Kriegsgefangenen nicht vergessen, die selbst nach Abschluß der Genfer Konvention noch unmenschlich behandelt werden.

Der Protest gegen die legalisierte Abtreibung und der gegen die Verpflichtung zu Verhütungsmitteln sind ebenso wie die Friedensbewegung bedeutungsvolle Formen der Forderung nach dem Recht auf Leben. Außerdem fordert das Gewissen unserer Zeit, daß die Wahrheit in den Systemen der sozialen Kommunikation gewahrt bleibt. Das läßt sich in die Realität umsetzen, weil ein Recht besteht auf die Objektivität der durch die Massenmedien gebotenen Vorstellung von der Welt, und damit verbunden auch ein Recht auf die mögliche Korrektur ihrer Manipulation.

Man muß darauf hinweisen, daß das Recht vor allem der Kinder und Jugendlichen auf Schulausbildung, auf tragbare Lebensbedingungen und auf den Zugang zu ethisch einwandfreien Kommunikationsmitteln in unserer Zeit von neuem bedroht ist. Die öffentlichen Stellen anerkennen nur selten und meist ungenügend die Rolle, die die Familien im Gesellschaftsleben spielen.

Wir dürfen zudem die wachsende Zahl derer nicht vergessen, die von ihren Familien und von der Gesellschaft im Stich gelassen werden: die alten Menschen, die Waisen, die Kranken und alle anderen hilflosen Menschen."

Weit entfernt von marxistischen Ansichten

Selbst wenn man das 4. Dekret ganz wörtlich nähme, wäre es nicht gerecht anzunehmen, daß seine Auffassung von Gerechtigkeit von der marxistischen Ideologie besudelt sein könnte. Es ist wahr, daß es sehr stark auf die Strukturen hinweist, aber nicht unbedingt im marxistischen Sinne. Aber es kann kein Zweifel darüber bestehen: die Generalkongregation hat durch ihren festen Standpunkt in bezug darauf, daß an der Wurzel der Ungleichheiten und Ungerechtigkeiten unter den Menschen die Menschen selbst, ihre Freiheit und ihr Egoismus eine Rolle spielen, sich weit von einer marxistischen Interpretation entfernt. Da sie den Egoismus herausstellte und somit die Sünde des Menschen, konnte sie sagen: „Es gibt keine eigentlich christliche Förderung der Gerechtigkeit im vollen Sinne ohne die Verkündigung Jesu Christi und des Geheimnisses der Versöhnung, die er selber erfüllt." Es handelt sich um nicht weniger als um die Befreiung von der Sünde: „Ganze und endgültige Befreiung, nach der der Mensch im Innersten verlangt." (Anm. 13)

Die Gerechtigkeit des Evangeliums

Man erkennt daraus folgendes: wenn das 4. Dekret direkt die Gerechtigkeit zwischen den Menschen zum Gegenstand macht, die menschliche Gerechtigkeit und nicht jene Gerechtigkeit, durch welche Gott, wie die paulinische Theologie von der Rechtfertigung deutlich macht, den Menschen, der ungerecht und Sünder war, gerecht macht, entfernt es sich deswegen nicht vom Evangelium: auch nach den Worten des 4. Dekrets selbst, ist es „die vollkommene Gerechtigkeit des Evangeliums", auf das es sich ausdrücklich bezieht.

Was bedeutet das? Man erkennt es in einem recht charakteristischen Paragraphen, wo ein sehr weiter Begriff von Gerechtigkeit dargelegt wird, frei von der Starrheit rein austauschender Gerechtigkeit und dem Geist einfacher Forderung, und der umgekehrt nichts Geringeres einschließt als Verzeihung, Versöhnung und Barmherzigkeit. „Das Leben nach dem Evangelium", sagt das 4. Dekret, „ist ein Leben, das frei ist von jedem Egoismus, von jeder Suche nach eigenem Vorteil, wie auch von jeder Form der Ausbeutung des Nächsten. Es ist ein Leben, in dem die vollkommene Gerechtigkeit des Evangeliums aufscheint – eine Gerechtigkeit, die nicht bloß bereit ist, die Rechte und die Würde aller, besonders der Kleinen und Schwachen, anzuerkennen und zu respektieren, sondern diese wirksam durchzusetzen, die bereit ist, sich für jedes Elend, selbst des Fremden oder des Feindes, zu öffnen, bereit sogar, nicht bloß zugefügtes Unrecht zu verzeihen, sondern Feindschaft durch Versöhnung zu überwinden." (Anm. 14)

„Vollkommene Gerechtigkeit des Evangeliums": Es ist durchaus begründet, so zu sprechen: es ist in der Tat sehr wohl diese respektvolle Haltung gegenüber den Kleinsten und Schwächsten, Aufmerksamkeit gegenüber ihren Rechten, Aufmerksamkeit gegenüber dem Unglück, selbst gegenüber dem des Feindes, und die Bereitschaft, bis zum Verzeihen und bis zur Versöhnung weiter zu gehen, Haltungen, die man auf jeder Seite des Evangeliums antrifft, im Beispiel Jesu und in seinen Lehren. Und das ist ebenfalls Gerechtigkeit, denn es handelt sich sehr wohl darum, jedem das zu geben, was ihm zukommt, ohne in irgendeiner Weise geizig zu sein, und wirklich bis ans Ende dessen zu gehen, was die Würde eines Menschen verlangt. Das ist wahre Gerechtigkeit, sie liegt jedoch jenseits dessen, was man häufig unter Gerechtigkeit versteht. Der große Unterschied liegt darin, daß es sich nicht so sehr um eine Gerechtigkeit handelt, die zum eigenen Vorteil Forderungen stellt, sondern vielmehr um eine ausgesuchte Aufmerksamkeit, die darauf aus ist, daß anderen Gerechtigkeit geschieht, und um eine ganz besondere Sorgfalt, daß denen gegenüber Gerechtigkeit geschehe, die Opfer von Ungerechtigkeiten oder die am meisten bedroht sind, die Kleinen, Schwachen, Fremden und Machtlosen.

Beziehung zur Gerechtigkeit Gottes, der gerecht macht.

Es müssen aber auch noch einige Erklärungen über die Beziehung dieser Gerechtigkeit zu der abgegeben werden, von der der heilige Paulus spricht. Auf den ersten Blick könnte man annehmen, daß ein klarer Unterschied bestünde und daß die beiden Begriffe untereinander ohne Beziehung seien. Auf der einen Seite: die Gerechtigkeit unter den Menschen; auf der anderen Seite: eine Gerechtigkeit in der Beziehung vom Menschen zu Gott. Und noch einmal: auf der einen Seite ist die Gerechtigkeit unser Werk, auf der anderen Seite ist sie dagegen ausschließlich das Werk Gottes, Gott ist es, der den Sünder „rechtfertigt".
Nun, trotz alledem hat das 4. Dekret Wert darauf gelegt, sich auf den Brief an die Römer (5, 8–9) zu beziehen. Es handelt sich vor allem um die bekannten Worte: „Gott aber hat seine Liebe zu uns darin erwiesen, daß Christus für uns gestorben ist, als wir noch Sünder waren." Während doch „nur schwerlich jemand für einen Gerechten sein Leben hingeben würde", stirbt Christus für den ungerechten Menschen; auf diese Weise rechtfertigt er ihn.
Wie nun steht diese Gerechtigkeit, mit der nur Gott den Menschen auszeichnen kann, in Beziehung zu der Gerechtigkeit, die der Mensch auszuüben sucht in seinen Beziehungen zu anderen Menschen? Es ist eine Tatsache, erklärt das 4. Dekret, daß die reine Gerechtigkeit, um die es sich hier handelt, die „vollkommene Gerechtigkeit des Evangeliums", die wir oben beschrieben haben, in ihrer Vollkommenheit jenseits der Möglichkeiten des Menschen liegt. Der Mensch kann sich ihr nur nähern, wenn er von der Wirksamkeit des Werkes Christi, die den sündigen Menschen rechtfertigt, Unterstützung erhält. „Eine solche Bereitschaft des Herzens", so sagt der Text, „liegt nicht in der Kraft des Menschen allein. Sie ist die Frucht des Geistes. Er verwandelt die Herzen und füllt sie mit der Barmherzigkeit und der Macht Gottes, der seine Gerechtigkeit offenbart hat,

indem er uns Barmherzigkeit erwies, als wir noch Sünder waren und uns zur Freundschaft mit sich berief." (Anm. 14)

Am Ende handelt es sich darum, gerecht zu sein, so wie Gott es ist. Gott versöhnt sich mit denen, ja er macht die gerecht und liebenswert, die ungerecht waren. Wir sind aufgerufen, ihn selbst bis zu diesem Punkt nachzuahmen, selbst wenn wir weit davon entfernt sind. Wir haben es in jedem Fall dadurch zu versuchen, daß wir dem Verzeihen und der Versöhnung, der Vervollkommnung der Gerechtigkeit ihren Platz geben.

So besteht sehr wohl ein Band zwischen der Gerechtigkeit, die unter den Menschen ausgeübt werden muß und von der das 4. Dekret vor allem spricht, und der Gerechtigkeit, durch die Gott den Ungerechten rechtfertigt. Und selbst wenn es so deutlich von Gerechtigkeit unter den Menschen spricht, legt das 4. Dekret nicht einfach einen profanen Gegenstand vor: es weist, wie wir sahen, auf die „vollkommene Gerechtigkeit des Evangeliums" hin; wir können jetzt auch hinzufügen, daß es sogar zur Nachahmung der so einzigartigen Gerechtigkeit Gottes anspornen möchte, die die Sünder auch ohne Gegenleistung rechtfertigt.

Anmerkungen

1 31. Generalkongregation, Dekret 32, Nr. 1
2 Instruktion über das soziale Apostolat, 10. Oktober 1949, AR XI, S. 714
3 Dekret 4, Nr. 6
4 ebda., Nr. 20
5 ebda.
6 Dekret 4, Nr. 27
7 ebda.
8 ebda.
9 Dekret 4, Nr. 20
10 ebda., Nr. 27
11 Pacem in Terris (1963), Nr. 81 und Nr. 163
12 33. Generalkongregation, Dekret 1, Nr. 45
13 Dekret 4, Nr. 27
14 ebda., Nr. 18

6. Kapitel

Gerechtigkeit und Liebe

Die Gerechtigkeit vollendet sich in der Liebe, und sogar in einer Liebe, die nicht das ihre sucht. Das ist ganz natürlich, kann man sagen: Sie erscheint ja wie ein zusammenhängendes Band, von der Gerechtigkeit, die als uneingeschränkte Hochachtung vor den Rechten verstanden wird, und von der Würde der Person ausgehend erstreckt es sich bis hin zum Verzeihen, und zur Barmherzigkeit, die immer auf die Anerkennung der Person ausgerichtet sind. Hier allerdings weist sie sogar über ihre Begrenzungen hinaus, übersteigt sogar die zahlreichen Ungerechtigkeiten, die begangen werden, und geht ebenfalls über die scheinbare wie auch über die evidente Unwürdigkeit des Menschen hinaus. In der Tat, wenn wir das aufdecken, was die Gerechtigkeit und die Liebe verbindet, beginnt die Beziehung klar zu werden, die sie mit dem Glauben eint.

Das Band zwischen Gerechtigkeit und Liebe im 4. Dekret

In einem späteren Kapitel werden wir untersuchen, wie die Liebe zu Gott und die Liebe zu den Menschen sich aufeinander beziehen. An dieser Stelle müssen wir hervorheben, daß eine Verbindung besteht zwischen den Forderungen der Gerechtigkeit und denen der Liebe zu den Menschen. Vor allem ist darauf hinzuweisen, daß diese Verbindung im 4. Dekret selbst ausgesprochen wird. Dieser Satz, der an einer zentralen Stelle des Dekrets steht, ist in keiner Weise zweideutig: „Es gibt keine wirkliche Bekehrung zur Gottesliebe ohne Bekehrung zur Nächstenliebe, und konsequenterweise zu den Forderungen der Gerechtigkeit." (Anm. 1) Das Werk der Gerechtigkeit ist so ein integrierender Teil der Nächstenliebe. Es ist durch sie gefordert.

Man kann darüber hinaus auch sagen, daß Lieben zweifellos etwas Größeres ist als gerecht Handeln, aber das gerechte Tun ist ganz gewiß von der Liebe gefordert, darum ist es auch schon in Wahrheit Lieben. Andererseits ist im 4. Dekret kein anderes Motiv der Gerechtigkeit vorgesehen als nur die brüderliche Liebe zwischen Mensch und Mensch, die letztlich ihrerseits natürlich in der Liebe zu Gott begründet ist. Die Frage ist, ob man die Gerechtigkeit überhaupt auf einem anderen Fundament als der Liebe aufbauen kann, wenn man wirklich gerecht handeln oder gerecht sein will und sich nicht darauf verlegt, sein Recht zu fordern.

Dieser Punkt läßt im 4. Dekret keinen Zweifel offen. Und die Beziehung zwischen Gerechtigkeit und Nächstenliebe ist aus einem Zusammenhang heraus entwickelt, der wichtig ist für den Aufbau des Dekrets, es ist keineswegs nur eine zufällige Behauptung. Es ist jedoch auch festzuhalten, daß diese Feststellung dort nicht zu einem Gegenstand ausführlicher Diskussion gemacht wurde. Viele sind der Meinung, es sei ihr gelungen, fast unbemerkt durchzukommen. Jedenfalls begann Pater Arrupe schon bald, sich mit einer Sicht der Dinge zu befassen, die bei einigen Jesuiten offenkundig wurde, wo die Idee der Gerechtigkeit in einer extremen Härte und Starrheit auftrat, wie wenn sie von der Liebe völlig losgelöst wäre. Sie wurde als etwas völlig Unabhängiges aufgefaßt, implizit oder explizit vielleicht durch eine Ideologie gestützt, die aber keine Beziehung zum christlichen Prinzip der Liebe hat.

Im Sommer des Jahres 1980 arbeitete Pater Arrupe darum an dem Text über die Liebe, im besonderen über die Beziehung der Gerechtigkeit zur Liebe, worüber wir schon gesprochen haben. Und er erfährt schon bald, daß Papst Johannes Paul II. seinerseits auch eine Enzyklika über die Barmherzigkeit vorbereitete. Diese Enzyklika erschien dann im Herbst unter dem Titel „Dives in Misericordia". Pater Arrupe trug seine Gedanken in einer Ansprache vor, die am 6. Februar 1981 zum Abschluß eines Monats ignatianischer Studien in Rom gehalten wurde.

So kann man sagen, daß in den Gedanken Pater Arrupes und des Papstes eine bemerkenswerte Annäherung deutlich wurde. Sie weist ohne Zweifel ebenso auf ein Problem hin, das noch offen blieb. Zur Klärung dieses Punktes ist es der Mühe wert, die wichtigsten Sätze sowohl Johannes Paul II. als auch Pater Arrupes zusammenzustellen.

Sätze Johannes Paul II.

In seiner Enzyklika spricht Johannes Paul II. zunächst lange über die zentrale Stellung der Barmherzigkeit Gottes in der christlichen Offenbarung. Er zeigt sie im Alten und im Neuen Testament auf, vor allem im österlichen Geheimnis, im Geheimnis des Leidens und der Auferstehung Jesu-Christi. In Beziehung auf das österliche Geheimnis schreibt er: „Das auf Golgata errichtete Kreuz, an dem Christus sein letztes Zwiegespräch mit dem Vater führt, erwächst aus dem innersten Kern jener Liebe, die dem nach Gottes Bild und Gleichnis geschaffenen Menschen gemäß dem ewigen Plan Gottes geschenkt worden ist. Gott, wie Christus ihn geoffenbart hat, bleibt nicht nur als Schöpfer und letzter Seinsgrund in enger Verbindung mit der Welt. Er ist auch Vater: mit dem Menschen, den er in der sichtbaren Welt ins Dasein gerufen hat, verbinden ihn Bande, welche die des Erschaffens an Tiefe übertreffen. Es sind dies die Bande der Liebe, die nicht nur das Gute hervorbringt, sondern am Leben Gottes selbst, des Vaters, des Sohnes und des Heiligen Geistes, teilhaben läßt. Wer liebt, den drängt es ja, sich selbst zum Geschenk zu machen." (Anm. 2)

Und er fährt fort: „Das Kreuz Christi auf Golgata steht am Weg jenes admirabile commercium, jener wunderbaren Selbstmitteilung Gottes an den Menschen, die zugleich die Einladung an den Menschen in sich schließt, sich und mit sich die ganze sichtbare Welt Gott hinzugeben und so an seinem Leben teilzuhaben; als angenommener Sohn der Wahrheit und Liebe in Gott und aus Gott teilhaft zu werden." (Anm. 3)

Diese Betrachtung der Liebe des barmherzigen Gottes, an der teilzunehmen auch der Mensch berufen ist, liegt den Überlegungen Johannes Paul II. zugrunde, die er auf die gegenwärtige Welt und auf zahlreiche Quellen der Unruhe, die sich dort finden, richtet. Er beginnt mit der Drohung einer nuklearen Selbstzerstörung, legt dann auch im einzelnen den Mißbrauch der Macht dar, den sich einige Menschen anderen gegenüber zuschulden kommen lassen, die „friedliche" Unterwerfung einzelner Menschen, ganzer Gesellschaften und Nationen, den Hunger, die Ungleichheiten und den Materialismus. Und er sagt, daß trotz alledem „in der heutigen Welt ein Sinn für Gerechtigkeit erwachte, der weit verbreitet ist". „Diese tiefgreifende und vielfältige Tendenz, an deren Basis das menschliche Bewußtsein unserer Zeit die Gerechtigkeit gestellt hat, bezeugt den ethischen Charakter der Spannungen und Kämpfe, die sich über die Erde ziehen." (Anm. 4)

Er stellt dann auch heraus, wie sehr die Kirche teilhat „an diesem brennenden und tiefen Wunsch, nach einem in jeder Hinsicht gerechten Leben". Er wirft jedoch die Frage auf: „Genügt die Gerechtigkeit?" Und dann folgen diese wichtigen und schwerwiegenden Betrachtungen, die äußerst aktuell sind: „Man kann jedoch schwerlich darüber hinwegsehen, daß diese Programme, die von der Idee der Gerechtigkeit ausgehen und deren Verwirklichung im Zusammenleben des Menschen, der menschlichen Gruppen und Gesellschaften dienen sollen, in der Praxis oft arg entstellt werden. Obwohl sie sich dann weiter auf die Idee der Gerechtigkeit berufen, gewinnen – so lehrt die Erfahrung – negative Kräfte, wie etwa Groll, Haß oder Grausamkeit die Oberhand. In diesem Fall wird das Verlangen, den Feind zu vernichten, seine Freiheit einzuschränken oder ihm eine vollständige Abhängigkeit aufzuerlegen, zum eigentlichen Beweggrund des Handelns; dies widerspricht dem Ursinn von Gerechtigkeit, die ihrem Wesen nach darauf abzielt, Gleichheit und Gleichstellung zwischen den streitenden Parteien zu erreichen. Diese Art Mißbrauch der Gerechtigkeitsidee und die praktische Verfälschung der Gerechtigkeit beweisen, wie weit sich das menschliche Handeln von der Gerechtigkeit entfernen kann, selbst wenn es in ihrem Namen begonnen wurde." (Anm. 5)

Johannes Paul II. drückt sich noch genauer aus, wenn er sagt: „Es ist offensichtlich, daß im Namen einer sogenannten Gerechtigkeit (z. B. einer geschichtlichen oder Klassengerechtigkeit) manchmal der Nächste vernichtet, getötet, seiner Freiheit oder der elementarsten Menschenrechte beraubt wird." (Anm. 6)

Reiht sich also dann der Mißbrauch der Gerechtigkeit notwendigerweise ein in die Forschung über die Gerechtigkeit? Ist es unabwendbar, daß die Gerechtigkeit auf diese Weise von ihrem eigenen Ideal abweicht? – Der Papst spricht sich in diesem Punkte nicht wirklich aus, aber er stellt doch fest: „Die Erfahrung der Vergangenheit und auch unserer Zeit lehrt, daß die Gerechtigkeit allein nicht genügt, ja, zur Verneinung und Vernichtung ihrer selbst führen kann, wenn nicht einer tieferen Kraft – der Liebe – die Möglichkeit geboten wird, das menschliche Leben in seinen verschiedenen Bereichen zu prägen. Gerade die geschichtliche Erfahrung hat, unter anderem, zur Formulierung der Aussage geführt: summum ius, summa iniuria – höchstes Recht, höchstes Unrecht. Diese Behauptung entwertet die Gerechtigkeit nicht, noch verringert sie die Bedeutung der Ordnung, die sich auf sie aufbaut; sie weist nur unter einem anderen Aspekt auf die Notwendigkeit hin, aus jenen noch tieferen Quellen des Geistes zu schöpfen, denen sich die Ordnung der Gerechtigkeit selber verdankt." (Anm. 7)

Der Papst unterstreicht also mit Nachdruck, daß die Gerechtigkeit allein nicht genügt. Er hat ebenso gezeigt, wenn auch nur kurz, daß die Gerechtigkeit mit der Liebe verbunden ist, oder man könnte fast sagen, daß die Gerechtigkeit in der Liebe eingeschlossen ist: „Die Liebe motiviert sozusagen die Gerechtigkeit, und die Gerechtigkeit dient letztlich der Liebe." (Anm. 8) Hier war, wie wir oben schon angedeutet haben, der Sinn der Worte, die in unserem 4. Dekret stehen: „Umkehr zur Liebe zu den Menschen, und von dort weiter zu den Forderungen der Gerechtigkeit."

Sätze von Pater Arrupe

Wir haben gerade aus der Enzyklika Dives in misericordia den Satz zitiert, der ausdrückt, daß die Liebe eine Bedingung für die Gerechtigkeit ist und daß die Gerechtigkeit der Liebe dient; darauf bezieht sich Pater Arrupe vor allem in seiner Ansprache „In der Liebe verwurzelt und auf sie gegründet" vom Jahre 1981.

Er bezieht sich ebenfalls auf die folgenden Sätze der Bischofssynode, die 1971 stattfand: „Nächstenliebe und Gerechtigkeit gehören untrennbar zusammen. Die Liebe ist vor allem eine Forderung der Gerechtigkeit, das heißt, die Anerkennung der Würde und der Rechte des Nächsten." Darum ist zunächst einmal die Gerechtigkeit notwendig, wenn jemand von Liebe sprechen will. Aber andererseits, wenn man nicht liebt, wenn man nicht die Empfindung der caritas in sich trägt, ist sehr zu befürchten, daß selbst die Suche nach Gerechtigkeit zerfällt und sich wandelt. Darum sagt Pater Arrupe: „Selbst dann, wenn wir der Ungerechtigkeit widerstehen, dürfen wir nicht auf die Liebe verzichten, da die Universalität der Liebe auf ausdrücklichen Wunsch Christi ein Gebot ist, das keine Ausnahme duldet." (Anm. 9)

Etwas vorher hieß es: „Wenn ein von Gott gewährtes Recht von einer ‚gesetzlichen' Ungerechtigkeit geleugnet oder unterdrückt wird, wird die Reaktion eine ungesetzliche ‚Gerechtigkeit' sein. Nicht jede gesetzliche Gerechtigkeit ist objektiv gerecht. Den Abstand, der Gerechtigkeit und Recht trennt, zu verkürzen, ist eine der vorrangigen Zielsetzungen jedes sozialen und wahrhaft humanen Fortschritts. Man wird aber erst dann – und nur dann – dahin gelangen, wenn das Recht und die Gerechtigkeit in der Liebe wirksam geworden sind." (Anm. 10)

Mit diesen Worten erwies sich Pater Arrupe in der Tat als sehr vertraut mit dem Problem, daß auch die Nächstenliebe mißbraucht werden kann, als „falsche Nächstenliebe", und er schrieb: „Es gibt auch eine scheinbare Nächstenliebe, die nichts als verschleierte Ungerechtigkeit ist: wenn man, über das Gesetz hinausgehend, einem anderen aus Wohlwollen das zugesteht, was ihm der Gerechtigkeit nach gebührt. Das Almosen ist da nur eine Ausflucht." (Anm. 11)

Darum sind „die Diktaturen und Gewaltherrschaften, die gegen das Recht Gesetz aufzwingen, und die Formen paternalistischer Bevormundungspolitik, die ‚karitative' Hilfspläne statt einer Politik der Gerechtigkeit bereit haben, zwei jener Übel, die es unmöglich machen, Brüderlichkeit und Frieden unter den Menschen zu stiften." (Anm. 12)

Pater Arrupe ist auch der Meinung, es sollte nicht weniger betont werden, daß ein enges Band die Gerechtigkeit in die Liebe einbindet. Dabei halte aber die Liebe immer den Primat.

Er ist überzeugt, daß die Gerechtigkeit allein ungenügend sei, selbst dann, wenn sie nicht verraten, nicht verwässert sei: „Daß die Förderung der Gerechtigkeit unerläßlich ist, liegt auf der Hand, weil sie den ersten Schritt zur Liebe darstellt. Gerechtigkeit zu fordern, erscheint bisweilen revolutionär und wird als subversive Forderung abqualifiziert. Und doch ist es eine so geringe Forderung: wir sollten tatsächlich viel mehr fordern, wir sollten über die Gerechtigkeit hinausgehen, um sie mit Liebe zu erfüllen. Gerechtigkeit ist notwendig, aber sie allein genügt nicht. Die Liebe fügt ihre transzendentale, innere Dimension der Gerechtigkeit hinzu und gibt uns damit die Fähigkeit, den Weg fortzusetzen, wenn wir an die Grenzen des Bereichs der Gerechtigkeit gelangt sind. Denn die Gerechtigkeit hat Grenzen und endet dort, wo das Recht aufhört; die Liebe aber kennt keine Grenzen, weil sie in unserem menschlichen Maßstab – die Unendlichkeit des göttlichen Wesens wiedergibt und jedem Menschen, unserem Bruder, Anspruch auf unseren unbegrenzten Dienst gibt." (Anm. 13)

Ein anderer Satz bringt denselben Gedanken: „Die Nächstenliebe gibt nicht nur dies oder das an den anderen – wie die Gerechtigkeit –, sondern sie gibt die ganze Person hin . . ." (Anm. 14)

Die Liebe geht über die Gerechtigkeit hinaus, sie „reicht ihr die Hand", und sie steht ihr bei in den immer wieder neu auftretenden Forderungen. Die Gerechtigkeit ist insgesamt in Beziehung auf den Inhalt nicht mehr ganz so eindeutig wie es früher einmal aussah. „Unser Wissen über das, was die Menschenrechte betrifft, ist alles andere als erschöpfend. Wie wir die Grenze der physischen Fähigkeiten und Möglichkeiten des Menschen noch nicht kennen, wenn immer aufs neue Rekorde, die als unschlagbar galten, eingestellt werden, so sind wir nicht in der Lage anzugeben, was ein entwickeltes sittliches Bewußtsein und das Gefühl der Brüderlichkeit und Gleichheit eines Tages als das Recht des Menschen definieren werden." (Anm. 15)

Übrigens ist die Überzeugung von der Notwendigkeit der Gerechtigkeit meist nicht so klar (zwingend), daß sie aus sich selbst heraus schon zur Verwirklichung (der Gerechtigkeit) führen würde; die Nächstenliebe spielt eine wesentliche Rolle, wo es um die Verwirklichung der Gerechtigkeit geht: „Man muß sich jedoch fragen, ob dieses klare Wissen um das, was das Recht ist, auf welches die Gerechtigkeit oft im Widerstand gegen eine bittere Wirklichkeit antworten soll, nicht einen enttäuschenden Widerspruch zwischen dem, was man erwartet, und der erlebten Wirklichkeit darstellt. Allein die Liebe, die zur vollen Anwendung der Gerechtigkeit drängt, vermag zu verhüten, daß die Ungerechtigkeit immer aufs neue tragische Gewaltausbrüche hervorruft, die wir beklagen." (Anm. 16) Dies führt ganz genau zu der Sorge, die Johannes Paul II. in bezug auf den Kontrast zwischen dem Willen zur Gerechtigkeit und der Ungerechtigkeit hegt, die im Namen der Gerechtigkeit begangen wird. Er legte darum ein besonderes Gewicht auf die Notwendigkeit, dieses Ungenügen durch die Liebe auszugleichen, also darauf, daß die (bloße) Gerechtigkeit in dieser Weise geändert würde.

Pater Arrupe zitiert hier Johannes Paul II. (das höchste Recht ist die größte Ungerechtigkeit) und er fügt seinerseits hinzu: „Es gibt Formen der Gerechtigkeit, die der konkreten Situation von Personen und Umständen, auf die sie angewendet werden, nicht Rechnung tragen. Es gibt Gerechtigkeitsmodelle, die nur eine Bemäntelung von Parteiinteressen sind. Eine Gerechtigkeit, eine Gesetzgebung, die zu wenig fordert, läßt den Schwachen und Unterdrückten ohne Schutz. Eine Gesetzgebung der Gewalt und eine ‚Gerechtigkeit', die zuviel fordert, können für alle zur Henkersschlinge werden. Und selbst eine Gerechtigkeit, die alle Rechtsgarantien (Garantien der Gleichheit) enthält, kann, wenn sie mitleidlos angewandt wird, unmenschliche Züge annehmen." (Anm. 17) Es ist darum häufig notwendig, „sich von der Nächstenliebe leiten zu lassen und über das Gesetz hinauszugehen". „Diese Liebe muß auch unter den Menschen", so sagt P. Arrupe,

„zur Vervollkommnung der Gerechtigkeit beitragen, indem sie sie zu einer höheren Form der Gerechtigkeit macht. Sie allein vermag über die bloße Gerechtigkeit hinaus zu den wesentlichen Bedürfnissen des Menschen vorzustoßen." (Anm. 18)

Was aber ist diese „höhere Form der Gerechtigkeit", von der hier gesprochen wird? Das ist nach den Worten von P. Arrupe „eine Gerechtigkeit, die alle Dinge mit größerer Tiefe sieht, weil sie an den inneren Grund des Menschen reicht, an seinen Schmerz, seine Not, seine Hilflosigkeit, Realitäten, die verschwiegen werden, wenn man im Menschen lediglich ein unpersönliches Objekt des Gesetzes sieht". (Anm. 19)

Gegen Ende des Vortrages kam P. Arrupe noch einmal auf dieses Thema zurück. Mit erhobener Stimme erklärte er: „Nein, die Gerechtigkeit allein genügt nicht. Die Welt bedarf eines stärkeren Heilmittels, eines wirksameren Zeugnisses und erfolgreicherer Taten: sie braucht das Zeugnis und die Werke der Liebe. Wenn wir die Schlagzeilen der Zeitungen überfliegen und nach dem tatsächlichen Grund dafür suchen, warum menschliche Beziehungen – in der Familie, im Staat, am Arbeitsplatz, in der Wirtschaft und auf internationaler Ebene – einen derartigen Tiefstand erreicht haben, so erscheint jede Erklärung in Begriffen wie Gerechtigkeit und Ungerechtigkeit völlig unzulänglich. Noch nie haben die Leute so viel über Gerechtigkeit gesprochen, und doch ist die Gerechtigkeit noch nie so offenkundig mißachtet worden." (Anm. 20) Und nachdem er ein trauriges Bild der Ungerechtigkeit und der Anomie gemalt hatte, das schon im 24. Kapitel (12. Vers) des Matthäusevangeliums beschrieben ist und das sich auch heute noch immer weiter ausdehnt, fuhr er fort: „Das Recht von Macht und Gewalt tritt an die Stelle der Macht des Rechts: damit wird das in Jesus offenbarte Gebot Gottes aufgehoben, daß die Beziehungen der Menschen untereinander von Liebe und Brüderlichkeit bestimmt sein sollen. Das bedeutet, sachlich gesprochen, die Herrschaft der Sittenlosigkeit, der Entartung von Sitte und Moral." (Anm. 21)

Es gibt kein Heil ohne die Liebe, ohne Agape, die der heilige Matthäus der Anomie entgegenstellt. „Agape ist ein uneigennütziger innerer Anstoß, das Verlangen, das uns dazu drängt, Verständnis und Einfühlung aufzubringen, zu teilen, zu helfen und zu heilen; ein Verlangen, das aus dem Glauben an die Liebe entsteht, die Gott für uns hat und die wir in unseren Brüdern entdecken. Diese Liebe ist auch in unserer Welt vorhanden. Sie ist, wie Nadal sagte, eine Flamme, die in der Kirche und in unserer – geringsten – Gesellschaft immer gebrannt hat und noch brennt und um deren Erhaltung und Belebung wir uns bemühen. . . . ‚Agape' ist die evangelische Botschaft von Liebe und Frieden, alles, was dem aus dem Glauben geborenen Leben, sowohl dem privaten wie dem gemeinschaftlichen und sozialen Leben, Sinn verleiht." (Anm. 22) Der „letzte Schritt", der noch über die Entscheidung zum Einsatz für die Gerechtigkeit hinausführen muß.

Pater Arrupe hatte nicht die Absicht, durch diese Ansprache etwas zum 4. Dekret hinzuzufügen. Aber er wollte sich dafür einsetzen, daß einigen Aspekten des 4. Dekrets, die manchmal etwas zu wenig beachtet worden waren, mehr Beachtung geschenkt würde: damit zielte er vor allem auf die Nächstenliebe (charité), dieses wichtige Band zwischen der Gerechtigkeit und der Liebe (l'amour) zu den Menschen. (Anm. 23)

So griff er den Faden der Ereignisse seit der 32. Generalkongregation und ihres 4. Dekretes auf und stellte den Einsatz für die Gerechtigkeit neben den Dienst am Glauben ins Zentrum der Sendung der Gesellschaft Jesu. Er schrieb: „Diese Entscheidung erschien als ein bedeutender Schritt nach vorn, und die Gesellschaft ist seither um ihre Durchführung bemüht. Es fehlt uns noch der nötige Abstand, um das tatsächliche Verhältnis von gutgemeinten Versäumnissen und unleugbaren Erfolgen, die diese Entscheidung in der Gesellschaft Jesu in der Kirche hervorgerufen hat, richtig beurteilen zu können. Im Licht der jüngsten Enzyklika ‚Dives in misericordia' dürfen wir sagen, daß es bei aller Unvollkommenheit jeder menschlichen Wahl eine Entscheidung in der richtigen Richtung war. Das ist freilich noch nicht genug, es ist nicht der letzte Schritt. Die 32. Generalkongregation machte sich klar, daß der ‚letzte Schritt' und die Grundlage von allem die Liebe ist und daß wahre Gerechtigkeit von der Liebe ausgeht und in ihr ihre Krönung findet." (Anm. 24)

Er griff dann von neuem die Erklärungen auf, die das 4. Dekret über das Band zwischen Gerechtigkeit und Liebe (charité) sowie über das Band zwischen der Gerechtigkeit und dem Geist der Seligkeiten (Anm. 25) abgab und schloß: „Diese wichtigen Paragraphen des Dekrets 4 sollten wir bei der Lektüre des Dokuments stets im Gedächtnis haben, damit diese nicht unvollständig, einseitig und unausgeglichen wird. Die Gesellschaft muß noch vorankommen in ihrem Verständnis von und in ihrer Suche nach jener Gerechtigkeit, die zu fördern sie sich selbst verpflichtet hat. Ich bin gewiß, daß uns entsprechende Anstrengung ein noch viel weiteres Feld entdecken läßt – das der Liebe." (Anm. 26)

Dasselbe Verständnis von der Gerechtigkeit und ihrer Beziehung zur Liebe (charité) zeigt sich dann im Dekret der 33. Generalkongregation, das über die Sendung der Gesellschaft spricht. Dort heißt es, wie wir vorher schon gesehen haben: „Wir hatten nicht immer klar vor Augen, daß wir die soziale Gerechtigkeit im Licht der ‚Gerechtigkeit des Evangeliums' anstreben müssen, die ein Ausdruck (= sacrement: Sakrament) der Liebe und Barmherzigkeit Gottes ist." (Anm. 27)

Eine Gerechtigkeit, die ein Sakrament der Liebe und sogar der Liebe zu Gott ist, das ist ganz ohne Zweifel ein neuer Ausdruck, aber er bleibt doch ganz auf der Linie aller Aussagen über die Gerechtigkeit, die sie als einen wesentlichen Teil der Liebe (charité) sieht.

Für die Zukunft besteht die Hoffnung, daß wir durch eine tiefe religiöse

Erneuerung und durch eine Erneuerung im Ordensleben fähig werden „zu begreifen, daß Dienst am Glauben und Einsatz für die Gerechtigkeit nicht beziehungslos nebeneinander oder gar im Gegensatz zueinander stehen, sondern Ausdruck ein und derselben inneren Hingabe sind, die ihren tiefsten Grund und ihre Einheit in jener Gottes- und Nächstenliebe besitzt, zu welcher der Herr in seinem großen Gebot aufruft". (Anm. 28) In diesem Zusammenhang müssen wir aus der Ansprache Pater Arrupes auch die Sätze anführen, die kurz vorher schon zum Teil erwähnt wurden: „Ohne Liebe kann man nicht gerecht handeln. Selbst dann, wenn wir der Ungerechtigkeit widerstehen, dürfen wir nicht auf die Liebe verzichten, da die Universalität der Liebe auf ausdrücklichen Wunsch Christi ein Gebot ist, das keine Ausnahme duldet." (Anm. 29)

Es handelt sich also immer um eine Gerechtigkeit, die in der Liebe bleibt.

Die Aussagen, die das 4. Dekret über das Band zwischen Gerechtigkeit und Liebe machte, waren klar, aber sie waren nicht sehr weit entwickelt. Dem, der sich heute über die Art der Gerechtigkeit befragt, über die das 4. Dekret spricht, können wir mit weit größerer Sicherheit antworten, daß es sich um eine Gerechtigkeit handelt, die ihre Wurzeln in der Liebe hat, welche ja auch ihre eigentliche Motivation ist. Wir können darauf hinweisen, daß sie deshalb ein wesentlicher Bestandteil der Liebe ist, daß andererseits die Liebe fähig ist, immer wieder die neu auftretenden Forderungen der Gerechtigkeit zu entdecken, daß also Gerechtigkeit nicht etwas Starres ist. Und schließlich können wir auch sagen, daß es nie erlaubt ist, die Liebe zu verletzen, selbst wenn es uns um die Gerechtigkeit geht, und daß die Liebe stets auch die Gerechtigkeit einschließt und über sie hinausgeht.
Schon in dem vorhergehenden Kapitel haben wir darauf hingewiesen, daß zwischen der Gerechtigkeit und dem Evangelium eine direkte Beziehung besteht, wenn es wahr ist, daß in den Evangelien eine „vollkommene Gerechtigkeit" zu finden ist, die wir vom Beispiel und aus den Lehren Christi erfahren. Es ist eine Gerechtigkeit, die sogar auch vom Beispiel Gottes selbst erlernt werden kann, da er ja durch das Leiden und den Tod seines Sohnes Jesus Christus den Menschen, der Sünder war und eben als Sünder den Abstand von Gott nicht überwinden konnte, gerecht und für Gott annehmbar machte. In diesem Kapitel haben wir, einmal mit Hilfe des Textes des 4. Dekretes, dann aber auch mit Hilfe der darauf folgenden Reflexionen, die Johannes Paul II. in seiner Enzyklika Dives in misericordia vorlegte, und mit Hilfe der Worte von Pater Arrupe in seiner Ansprache „In der Liebe verwurzelt und auf sie gegründet", aufs neue unterstrichen, daß es sich um eine Gerechtigkeit handelt, die wesentlich zur Nächstenliebe gehört, durch sie reguliert wird und ganz von ihr umgeben ist.

Wir haben bereits auf die Einheit des Gebotes der Gottesliebe und des Gebotes der Nächstenliebe hingewiesen. Jetzt wollen wir uns dem Gedanken zuwenden, daß die Gerechtigkeit, so wie es der Titel des 4. Dekrets schon zeigt, dem Glauben näherrückt, wenn wir nur davon ausgehen, daß sie auch der Liebe nahe stehen muß und nicht umgekehrt.

Anmerkungen

1 Dekret 4, Nr. 28
2 Dives in misericordia (1980), Nr. 7 (Die im Kreuz und an der Auferstehung geoffenbarte Barmherzigkeit)
3 ebda.
4 ebda., Nr. 12
5 ebda.
6 ebda.
7 ebda.
8 ebda., Nr. 4
9 „In der Liebe verwurzelt und auf sie gegründet", Nr. 56
10 ebda., Nr. 55
11 ebda., Nr. 56
12 ebda.
13 ebda., Nr. 57
14 ebda., Nr. 59
15 ebda., Nr. 60
16 ebda.
17 ebda., Nr. 61
18 ebda.
19 ebda., Nr. 62
20 ebda., Nr. 68
21 ebda., Nr. 69
22 ebda., Nr. 71
23 Dekret 4, Nr. 28
24 „In der . . . und . . .", Nr. 67
25 Dekret 4, Nr. 33
26 „In der . . . und . . .", Nr. 67
27 33. Generalkongregation, Dekret 1, Nr. 32
28 ebda., Nr. 42
29 „In der . . . und . . .", Nr. 56

7. Kapitel

Gottes Liebe und Menschenliebe

Die Beziehung des Glaubens zur Liebe und auch zur Gerechtigkeit, die er fordert und inspiriert, läßt sich in der Tat nur dann verstehen, wenn eine direkte Beziehung zwischen der Liebe Gottes und der Nächstenliebe besteht. Wir werden sehen, daß das 4. Dekret sehr klar und nachdrücklich auf die Beziehung hinweist, die zwischen der Liebe Gottes und der der Menschen besteht: in der Antwort, die der Mensch auf den Anruf Gottes gibt, bleibt die Liebe Gottes nicht ohne die Liebe der Menschen. Das ist eine ganz alte Lehre. Zu gleicher Zeit jedoch versucht das Dekret, den Anstoß zu gründlicheren Studien zu geben. Einige Jesuiten folgten diesem Aufruf bereits. Sie haben zu zeigen versucht, daß die Liebe Gottes in der Liebe der Menschen eingeschlossen ist. Die Beziehung zwischen den beiden Formen der Liebe wird auf diese Weise recht deutlich, ihre tief verwurzelte Einheit wird so besser erfaßt. Wir wollen versuchen, auch diese Denkweise zu erörtern.

Im Dekret 4

In der Nummer 28 des 4. Dekrets, einer Nummer mit ganz zentraler Bedeutung, ist erklärt, daß wir in der christlichen Botschaft alle aufgerufen sind, eine Bekehrung durchzumachen und daß es eine doppelte Bekehrung sein müsse oder aber daß es eine Bekehrung mit zwei Aspekten sei, die jedoch untrennbar verbunden wären: „Sie nimmt Gott als Vater an und deshalb auch den Mitmenschen als Bruder." (Anm. 1) Gottesliebe schließt Liebe zu den Mitmenschen ein. Das Wichtigste dieser Stelle wird gleich darauf noch klarer in dem Satz: „Es gibt keine wirkliche Bekehrung zur Gottesliebe ohne Bekehrung zur Nächstenliebe." (Anm. 2) Das soll gewiß nicht heißen, daß die Liebe zum Mitmenschen gleichsam eine Vorbedingung sei. Sie muß vielmehr immer auch mit Gottes Liebe zusammen da sein. Der Aufruf zur Bekehrung ist darum ein Aufruf zur Liebe zu Gott, die aber nie ohne die andere Liebe, nämlich die zu den Menschen, bleiben darf. Der Text kommt zu dem Schluß: „Die Treue zu unserem apostolischen Auftrag fordert demnach, daß wir das christliche Heil unverkürzt verkünden, das heißt, daß wir die Menschen zur Liebe des Vaters führen und damit notwendig zu Nächstenliebe und Gerechtigkeit. Evangelisation ist Verkündigung des Glaubens, der in der Nächstenliebe wirksam wird (Gal. 5, 6; Eph. 4, 15). Sie kann nicht verwirklicht werden ohne Einsatz für die Gerechtigkeit." (Anm. 3)

Warum müssen diese zwei Verpflichtungen, die Liebe zu Gott und die Liebe zu den Mitmenschen, eine Einheit sein? Das Dekret erklärt das nicht ausführlich. Aber in etwa geschieht es doch durch den Satz: „Im Zentrum der christlichen Botschaft steht nämlich Gott, der sich durch Christus als Vater aller Menschen offenbart." (Anm. 4) Weil Gott der „Vater" aller Menschen ist, schuldet jeder ihm Liebe als Antwort. „Die Haltung eines Kindes gegenüber Gott", das ist die Liebe zu ihm. Weil er Vater „aller Menschen" ist, die darum alle seine Kinder sind, kann keiner Gott lieben, ohne seine Liebe zugleich auch ebenso allen diesen Menschen, seinen eigenen Brüdern, zuzuwenden.

Vertiefungen

Wir haben schon darauf hingewiesen, daß einige Jesuiten in der Folgezeit versuchten, vor allem diese grundlegende Erklärung weiterzuentwickeln. Das waren zum Beispiel in Deutschland die Patres Walter Kerber, Karl Rahner und Hans Zwiefelhofer, die nach der 32. Generalkongregation mit der Aufgabe betraut wurden, eine genauere Studie durchzuführen über die Beziehung zwischen Dienst am Glauben und Einsatz für die Gerechtigkeit. Zu diesem Thema schrieben sie am Anfang des Jahres 1976: „Wo ist der theologische Ort, an dem das vorliegende Problem angefaßt werden kann, und wo steht diese Frage in der traditionellen Lehre der Kirche? Wir sind der Überzeugung, daß wohl der entscheidende theologische Ort dort ist, wo man, ausgehend von den Quellen der Offenbarung und mit Hilfe der Theologie, über die Einheit und über die Verschiedenheit der Liebe Gottes und der Nächstenliebe nachdenkt." (Anm. 5)
In ihren Augen war es darum nicht notwendig, das Band zwischen Gerechtigkeit und Liebe so ausführlich darzulegen – das geht daraus hervor, daß man die Liebe nicht als auf den ganz privaten Bereich des Lebens beschränkt betrachtet und daß man unter Gerechtigkeit auch ihre ganz soziale Dimension und ihre Dimension der Sozialkritik versteht –. Ebenfalls hielten sie es nicht für notwendig, das Band zwischen Glaube und Nächstenliebe oder Liebe zu Gott genauer zu erklären, da diese Liebe alle Beziehungen zu Gott, daher auch den Glauben, einschlösse (d. i. der von der Liebe geformte Glaube). Die Hauptfrage wäre vielmehr die nach der Beziehung zwischen der Liebe zu Gott und der Nächstenliebe. Und diese Frage entwickelten sie ausführlich.
Sie prüften das Neue Testament unter dieser Rücksicht. Zunächst die Evangelien: das zweite Gebot ist dem ersten gleich; am letzten Tage wird der Mensch nach seiner Nächstenliebe beurteilt; das Kalt-Werden dieser Liebe ist die „Ungerechtigkeit", die das Ende der Zeiten ankündigt; das, was man dem Geringsten unter den Menschen getan hat, hat man Jesus getan. Dann beim heiligen Paulus: die

Nächstenliebe ist hier als die Erfüllung des Gesetzes dargestellt, als das Band der Vollkommenheit, der beste Weg, kurz, als die Gesamtheit christlicher Existenz. Beim heiligen Johannes schließlich heißt es: wir sind von Gott geliebt, damit wir einander lieben, und diese Liebe ist das neue Gebot Christi; oder weiter, Gott hat uns geliebt, aber nicht so oder mit dem Wunsche, daß wir ihn dafür liebten, sondern daß wir Menschen uns einander lieben . . . Dies alles, so sagen unsere Autoren, läßt noch keine sehr genauen Schlüsse ziehen; zum mindesten kann man sagen, daß „die ganze Beziehung zu Gott" erstaunlich weitgehend „um die brüderliche Liebe kreist".

Sie stellen fest, daß die ältere Theologie die authentische christliche Liebe, das heißt die echte Nächstenliebe, als „integrierenden Teil der eingegossenen und übernatürlichen theologischen Tugend der Liebe" verstand, „durch die wir Gott lieben, in seinem Geiste und um seiner selbst willen, in unmittelbarer Nähe zu ihm". In dieser Hinsicht ist die Nächstenliebe nicht nur „Vorbedingung, Wirkung, Frucht und Prüfstein der Liebe zu Gott", sondern sie ist „der Akt dieser Liebe zu Gott". Es ist zumindest ein Akt, „der vollkommenen Hingabe, mit der der Mensch sich durch den Glauben und durch die Liebe Gott zuwendet und die eigentlich die ‚Liebe zu Gott' ist", durch die der Mensch gerechtfertigt, wieder versöhnt und mit Gott geeint wird.

Dann griffen unsere Autoren auf den „transzendentalen" Entwurf zurück, von dem Pater Rahner sehr häufig sprach, und sie erklärten: Nicht jeder Akt der Liebe zu Gott ist formal auch schon ein Akt der Nächstenliebe; umgekehrt ist „dort, wo die ganze transzendentale Tiefe der Liebe zwischen den Menschen gegenwärtig ist (die zum mindesten die Nächstenliebe sein kann, wie die Tradition der Kirche sagt), so eine Liebe auch notwendig schon aus sich Liebe zu Gott; sie hat Gott als bewußtes Motiv (wenn auch, wohlgemerkt, der Grad der Klarheit größer oder kleiner sein kann)". Das ist ein erster Punkt.

Man kann andererseits nicht sagen, so fahren die drei Jesuiten aus Deutschland fort, daß jeder Akt der Nächstenliebe zugleich auch, als Akt der Nächstenliebe, schon Akt der Liebe zu Gott ist, sondern der Akt der Nächstenliebe hat die Liebe zu Gott als seinen „transzendentalen Horizont": darum ist der Akt der Nächstenliebe, wenn auch nicht klar ausgedrückt (‚unthematisch' sagen die Autoren) auf Gott hin orientiert. Jedes positive sittliche Tun, heißt es an anderer Stelle, hat in einer „anonymen" und verborgenen Weise etwas Christliches an sich.

Selbst wenn all das wahr ist, und das ist der letzte Schritt, gilt dennoch: Gott ist niemals direkt vom Menschen erkannt, und der Mensch lebt andererseits ständig in der Nähe seiner Mitmenschen. Darum kann man sagen, daß die Liebe Gottes nur durch die Nächstenliebe an den Tag kommt: „Die grundlegende Beziehung zu Gott ist von transzendentaler Natur, sie gehört nicht zur Welt der Objekte.

Sie erscheint in einer unendlichen Verwiesenheit auf das Jenseits der uns umgebenden Objekte, die den Geist des Menschen charakterisiert. Folglich zeigt sich die ursprüngliche Erfahrung Gottes, im Unterschied zur Einzelerfahrung, die in einem besonderen Begreifen gegeben wird, nur in einer weltlichen Erfahrung. Diese kommt als solche im ursprünglichen und vollen Sinne nur vor, wo eine Kommunikation mit dem Du besteht."

Daher bildet die Nächstenliebe mit der Liebe zu Gott eine tiefgehende Einheit. Das trifft zu in dem Sinne, daß die Nächstenliebe, die caritas, „nicht nur ein abhängiger ethischer Akt ist, der unter anderen ähnlichen Akten, mehr oder weniger von der caritas ‚aufgetragen‘ wird und dabei als Liebe zu Gott zu verstehen ist." Die Nächstenliebe ist immer schon Liebe zu Gott: mit anderen Worten, es ist Liebe, die in der Liebesbeziehung zum Nächsten immer schon auf Gott selbst hinweist, gewiß, auf Gott an sich oder durch übernatürliche Transzendenz, aber ganz real. Die Beziehung zwischen der Nächstenliebe und der Liebe zu Gott ist nicht nur eine Beziehung von ethischen oder psychologischen Ansprüchen, sondern es ist auch eine Beziehung von „grundlegender" oder ontologischer Bedeutung. Unsere Autoren halten erst dies für eine Interpretation, die das Wort aus dem 1. Brief des heiligen Johannes: „Wer seinen Bruder nicht liebt, den er sieht, kann Gott nicht lieben, den er nicht sieht" (4. 20), ganz zu erfassen vermag. Wir fügen hinzu, daß die oben angeführte These, wenn sie auch zeigen kann, wie die Liebe zu Gott immer auch schon in der Liebe zum Nächsten eingeschlossen ist, in keiner Weise die Verpflichtung aufhebt, Gott auch direkt zu lieben. Im Gegenteil, die Nächstenliebe ist nie ganz erreicht und vollständig ohne die ausdrückliche Anerkennung und Liebe zu Gott, die in uns die Nächstenliebe hervorruft. „Die Nächstenliebe ist nur dann vollkommen, wenn sie auch ihr tiefstes Fundament erreicht, ihre endgültige Garantie durch die klare Kenntnis von dieser Basis, die Gott heißt, und durch eine nicht weniger eindeutige Beziehung zu ihm." Die Nächstenliebe übersteigt sich also und wird auf diese Weise in eine eindeutige Liebe zu Gott hin aufgehoben, sie überragt als solche die Nächstenliebe, wenn diese nur von ihrem empirischen Inhalt her verstanden wird.

Es ist also nicht möglich, den einen der beiden Begriffe auf den anderen zurückzuführen oder die eine der beiden Formen der Liebe von der anderen abzuleiten. Genauso wie Welterfahrung und Gotteserfahrung nicht aufeinander zurückgeführt werden können. Aber die Einheit der beiden Formen der Liebe ist stark, man hat sie sogar ontologisch genannt, es ist also mehr als eine ethische Verpflichtung, durch die Liebe zu Gott die Nächstenliebe zu üben.

Die Einheit der beiden Formen der Liebe: nach P. Arrupe

P. Arrupe legte die Einheit der zwei Formen der Liebe in seiner Ansprache: „Verwurzelt und begründet in der Liebe" (1981) dar; er verwandte dabei weit einfachere Worte als die Theologen in der transzendentalen Analyse. Aber er verankerte die Einheit in der Liebe auch in der grundlegenden Überzeugung, daß es letztlich nur eine einzige Realität gebe, „Gott ist Liebe" („letzte Wurzel, das letzte Fundament des ignatianischen Charismas, die Seele der Gesellschaft").

„Soweit es überhaupt möglich ist, mit menschlichen Worten über diese Dinge zu sprechen", erklärte Pater Arrupe, „können wir sagen, daß die reinste Liebe die Liebe an sich, einerseits das formale Element der göttlichen Wesenheit ist, und andererseits Erklärung und Ursache für die Taten ‚ad extra': die Erschaffung des Menschen als Herrn des Universums und die Rückkehr aller Dinge zu Gott durch die Erlösung und Heilung. Dieser zweifache formale Aspekt der Liebe findet bei Ignatius eine zweifache Antwort: eine höchste, äußerst theozentrische Liebe, verbunden mit einer entschiedenen Gegenwart Christi als Mensch; und eine unbegrenzte Liebe den anderen Menschen gegenüber, in denen sich Gottes Liebe offenbart und die zu ihm zurückgeführt werden müssen." (Anm. 6)

Pater Arrupe bezieht sich dann auf die Biographie des heiligen Ignatius und erklärt, wie „er es verstand, seine Gottesliebe, seine so intensive Liebe, die ganz der Liebe der Allerheiligsten Dreifaltigkeit galt, mit der Nächstenliebe zu verbinden". ((Anm. 7) Pater Arrupe ruft dann auch in Erinnerung, wie diese „Integration der Liebe" vom heiligen Paulus und vom heiligen Johannes gelebt und verkündet wurde.

Zunächst bezieht Pater Arrupe sich auf den heiligen Paulus und sagt: „Paulus findet keinen besseren Weg, seinen Durst nach Identifizierung mit Christus zu stillen, als sich dem Dienst der Menschen, konkret der Heidenvölker hinzugeben. Die Rechtfertigung dieses Dienstes ist in allen Menschen gegeben, weil in jedem Menschen und besonders im Schwachen ein Bruder ist, für den Christus gestorben ist." (Anm. 8)

„Die Lehre des Johannes", so sagt Pater Arrupe weiter, „stimmt mit der des Paulus überein, weist aber einen deutlicheren trinitarischen Zusammenhang auf, weil auch die Beziehung zwischen dem Vater, dem Wort und dem Menschen zum Ausdruck kommt." (Anm. 9) Und dann heißt es: „Derselbe Johannes, der so klar die Liebesbeziehung zwischen dem Vater, dem Sohn und jedem Menschen ausspricht, fügt zu dieser Liebe zu den Brüdern hinzu, worin das Gebot besteht, das Christus ‚mein' und ‚neues Gebot' nennt. Christus, der das Gebot der Bruderliebe mit dem ersten und wichtigsten Gebot der Gottesliebe zusammengefügt hat, schien die Begriffe umzukehren: man muß die Brüder lieben, um sagen zu können, daß man Gott liebt." (Anm. 10)

Pater Arrupe weist darüber hinaus hin auf die Untrennbarkeit der beiden Formen der Liebe in den Texten des heiligen Johannes: „Man kann Gott weder allein noch abstrakt lieben. Es ist immer eine dreiseitige Liebe. Seine Brüder lieben und das durch Werke beweisen, ist nicht etwas der Gottesliebe Nachgemachtes, Hinzugefügtes, das sie ergänzen soll. Es ist vielmehr eine wesentliche Forderung dieser Gottesliebe selbst. Aber auch die umgekehrte Feststellung ist notwendig: es gibt – wenn wir die Realität unseres Christseins betrachten – keine echte Liebe zu den Menschen ohne Liebe zu Gott." (Anm. 11)

Dieser letztere Punkt wird dann in einer originellen Weise erklärt: „Was von uns verlangt wird, ist ja nicht ‚Philanthropie' (Liebe zum Menschen), sondern ‚Philadelphie', also Bruderliebe. In jedem Menschen mit seinen Eigenheiten und in seinen je besonderen äußeren Verhältnissen gibt es einen Wert, der nicht von mir abhängt und der ihn mir ähnlich macht. Gott ist in ihm, mit Seiner Liebe, die auf mich wartet, und diesen Anruf kann ich nicht unbeachtet lassen." (Anm. 12)

Wir sehen also, wie das 4. Dekret tatsächlich die Aufmerksamkeit auf das Band zwischen der Liebe zu Gott und der Nächstenliebe gerichtet hat. Man sieht, wenn man so will, wie die Gedanken des 4. Dekrets über die Integration vom Dienst am Glauben und Einsatz für die Gerechtigkeit die Einheit dieser zwei Formen der Liebe zum Mittelpunkt machen. Das wäre offenbar, selbst wenn das 4. Dekret dieses Thema nicht ausführlich behandelt hätte.

Am Ende der acht Jahre Vertiefung, die diese Reflexionen nachzeichnen, von denen wir einige der bedeutendsten wieder in Erinnerung riefen, hat die 33. Generalkongregation ihrerseits gesagt, wie wir schon sahen, daß Dienst am Glauben und Einsatz für die Gerechtigkeit gemeinsam „der Ausdruck ein und derselben inneren Hingabe sind, die ihren tiefsten Grund und ihre Einheit in jener Gottes- und Nächstenliebe besitzt, zu welcher der Herr in seinem großen Gebot aufruft". (Anm. 13) Eine Fußnote weist dann im Text gleich auf fünf Schriftstellen hin, die etwas ausführlicher über die Einheit der beiden Formen der Liebe sprechen. (Anm. 14) So wird die schwerwiegende Bedeutung einer Denkweise angesprochen, ohne die die Beziehung zwischen Gerechtigkeit und Glauben und die zwischen dem Einsatz für die Gerechtigkeit und dem Dienst am Glauben in der Tat sehr schwach bleiben. . . . Aber wir müssen auch noch die Beziehung zwischen dem Glauben selbst und der Liebe klären, und zwar sowohl der Liebe zu Gott als auch der Nächstenliebe. Das wird der Gegenstand des nächsten Kapitels sein.

Anmerkungen

1 Dekret 4, Nr. 28
2 ebda.
3 ebda.
4 ebda.
5 Hier, wie auch später, werden wir keine genaueren Angaben zu den Zitaten machen, da es sich um eine Studie handelt, die nicht veröffentlicht wurde. Sie wurde nur als Manuskript unter den Mitbrüdern verteilt.
6 „Verwurzelt und begründet in der Liebe", Nr. 2
7 ebda., Nr. 45; die hervorgehobenen Worte sind aus einem Brief des heiligen Ignatius an Jaime Cassador, vom 12. Febr. 1536. Epp. I, 93–99. Dumeige, Nr. 46
8 ebda., Nr. 45; die hervorgehobenen Worte sind aus 1 Kor 8, 11
9 ebda., Nr. 46
10 ebda.
11 „Verwurzelt . . .", Nr. 48 f.
12 ebda., Nr. 49
13 33. Generalkongregation, Dekret 1, Nr. 42
14 Joh 15, 9–16; 1 Joh 4, 7–20; Mt 22, 34–40; Mk 12, 28–34; Lk 10, 25–37

8. Kapitel

Glaube und Liebe

Glaube und Liebe werden seit alter Zeit theologische Tugenden genannt. Zusammen mit der Hoffnung bilden sie das Dreigestirn der großen Bewegungen des Menschen zu Gott selbst. Die Beziehung zwischen Liebe und Glaube ist jedoch nicht immer für alle Menschen klar. Selbst wenn man die Einheit der Liebe zu Gott und der Nächstenliebe sehr deutlich ins Licht gerückt hat, bleibt die Beziehung zwischen Liebe und Glaube oft unklar. Es ist darum von Nutzen, darauf zu achten, wie diese Frage im 4. Dekret selbst und in den Überlegungen, die nach seiner Veröffentlichung stattfanden, behandelt wurde.

Und dann wird es sich auch lohnen zu überlegen, ob man nicht eine direktere Beziehung zwischen Glaube und Gerechtigkeit herstellen kann, ohne die ausdrückliche Vermittlung einer Beziehung zwischen Glaube und Liebe, und zwischen Gerechtigkeit und Liebe: Der Versuch wurde gemacht, wie wir am Ende dieses Kapitels sehen werden; hier wollen wir seine Bedeutung und seine Grenzen untersuchen.

Der Glaube und die Werke

Es ist zunächst einmal festzuhalten, daß wir der Problematik einer Verbindung zwischen dem Glauben und den Werken niemals entgehen. Das ist ein brennendes Problem schon seit der Zeit der Apostel, wie die Schriften von Paulus, Jakobus und Petrus bezeugen. Die Liebe, selbst die Liebe zu Gott, erscheint vielen als etwas, das sich in Werken finden muß, die zweifellos vom Glauben bestimmt werden, aber nicht auf derselben Ebene stehen wie der Glaube.

Nun sagt aber das 4. Dekret einfach und klar: „Evangelisation ist Verkündigung des Glaubens, der in der Nächstenliebe wirksam wird." (Anm. 1) Zwei Stellen aus den Briefen des heiligen Paulus sind hier als Beleg angeführt: „Denn in Christus Jesus kommt es nicht darauf an, beschnitten oder unbeschnitten zu sein, sondern darauf, den Glauben zu haben, der in der Liebe wirksam ist" (Gal 5, 6). Hier sind also Glaube und Liebe miteinander verbunden. An der anderen Stelle heißt es: „Wir wollen uns, von der Liebe geleitet, an die Wahrheit halten und in allem wachsen, bis wir ihn erreicht haben. Er Christus, ist das Haupt" (Eph 4, 15). Für den heiligen Paulus gibt es also kein Bekenntnis der Wahrheit und kein Leben nach dem Glauben ohne die Liebe.

In demselben Geiste nennt auch das 4. Dekret die Haltungen des Menschen, die der Gerechtigkeit widersprechen, Mangel an Glauben oder sogar „Atheismus". Wo kann sich der Glaube halten, wenn die Werke fehlen? „Denn die herrschende Ungerechtigkeit", so heißt es im 4. Dekret, „die unter verschiedenen Formen die Würde und Rechte des Menschen als eines Bildes Gottes und Bruders Christi leugnet, ist praktischer Atheismus, eine Leugnung Gottes." (Anm. 2)

Einfluß von Pater Arrupe

Pater Arrupe hatte Gelegenheit, diese Punkte wieder aufzugreifen und weiterzuentwickeln; ganz besonders geschah das in seiner Ansprache „Verwurzelt und begründet in der Liebe". „Der Glaube", so sagt er, „gibt unserer Liebe Sinn, aber die Liebe ist es, die unseren Glauben aktualisiert, ihn wirksam werden läßt. Wenn Christus uns zum Glauben an sich und den Vater antreibt, damit wir ‚erkennen', dann fordert er von uns nicht bloß eine Zustimmung, ein Zeugnis, ein Bekenntnis, sondern auch die Annahme seiner Identität als Gesandter und als Sohn, die Annahme seiner Botschaft der Umkehr; er verlangt, daß wir seine Gebote, insbesondere das ‚neue' Gebot, ‚sein' Gebot, halten und erfüllen." (Anm. 3)

Pater Arrupe fügte hinzu: „Die ‚innere Erkenntnis' des Herrn bei Ignatius ist nichts anderes als ‚der Glaube', das ‚Glauben', das ‚Erkennen' bei Johannes, und wie bei Johannes führt sie mit unumgänglicher Notwendigkeit zum Tun, zum Dienst." (Anm. 4)

Und etwas später sagt er in Beziehung auf den heiligen Johannes: „Für Johannes ist ‚glauben' erkennen, das heißt, sich in Christus versenken und teilnehmen an seinem Leben, an seinem Wirken und an seiner Botschaft. Und zugleich heißt ‚glauben', sich von ihm durchdringen lassen. Deshalb verlangt der Glaube beim heiligen Johannes unbedingt die Liebe und die Werke der Liebe, die Werke der Nächstenliebe." (Anm. 5) Und beim heiligen Jakobus steht es ähnlich.

Und Pater Arrupe erklärte sogar, auch wieder im Geiste von Johannes, Paulus und Jakobus: „wie der Glaube ohne die Werke kein wahrer Glaube ist, so steht umgekehrt auch fest: die Liebe ohne den Glauben ist keine echte Liebe mehr." „Für Paulus", so fährt er fort, „ist das unbestreitbar. Seine ganze Beweisführung gegen Israel gründet sich eben auf die Unzulänglichkeit der aufgrund des Gesetzes vollbrachten Werke, wenn einmal die Stunde des Glaubens gekommen ist. Der Glaube verleiht den Werken ihren vollen Wert." (Anm. 6)

Dann zitiert er aus dem Römerbrief: „Heiden, die die Gerechtigkeit nicht erstrebten, haben Gerechtigkeit empfangen, die Gerechtigkeit aus Glauben. Israel aber, das nach dem Gesetz der Gerechtigkeit strebte, hat das Gesetz verfehlt. Warum? Weil es ihm nicht um die Gerechtigkeit aus Glauben, sondern um die

Gerechtigkeit aus Werken ging" (Röm 9. 30–32). „Diese Diagnose des heiligen Paulus", fügt Pater Arrupe hinzu, „hat auch heute eine beeindruckende Aktualität. Ich weiß wohl, daß Paulus sich in diesem Text auf die Rechtfertigung bezieht. Aber was er sagt, bleibt in dem Maße gültig, als er ein Heil verwirft, das die Menschen durch Werke, durch die Proklamation von Rechten und die Auferlegung von Pflichten für sich persönlich zu erlangen – und den anderen aufzuzwingen versuchen. . . . Der Glaube ohne Werke ist ein toter Glaube. Aber die Werke ohne den Glauben und ohne die sie beseelende Liebe sind nichts weiter als ein von guten Absichten bestimmter ‚Soziologismus', ‚Philanthropie'." (Anm. 7)

Das 4. Dekret bezieht sich nur auf die Gerechtigkeit und nicht direkt auf die Liebe, aber diese beiden sind innig miteinander verbunden. Dort wird sowohl die eine als auch die andere Aussage bestätigt: „Es gibt keine wirkliche Verkündigung Jesu und seiner Frohbotschaft ohne entschlossenen Einsatz für die Gerechtigkeit." (Anm. 8) Wir sagten gerade, daß der Glaube ohne Werke ein toter Glaube ist. Aber andererseits gilt auch: „Es gibt keine eigentliche christliche Förderung der Gerechtigkeit im vollen Sinne ohne die Verkündigung Jesu Christi und des Geheimnisses der Versöhnung, die er selber erfüllt. Denn tatsächlich öffnet nur Christus den Weg zur ganzen und endgültigen Befreiung, nach der der Mensch im Innersten verlangt." (Anm. 9) Im Hinblick auf das gesamte Heil oder im Hinblick auf die „vollkommene und endgültige Befreiung", die der Mensch erstrebt, genügen die Werke nie ohne den Glauben.

Eine enge Verbindung

Wie lange man auch in dieser Weise über den Glauben und über die Werke spricht, man kommt schließlich doch zu der einfachen Antwort: Der Glaube genügt nicht ohne die Werke, und die Werke genügen nicht ohne den Glauben. Man kann hier immer noch bei einer rein äußerlichen Betrachtung der beiden Begriffe stehen bleiben, aber wir haben im vorhergehenden Kapitel schon gesehen, daß sie zwischen der Nächstenliebe und der Gottesliebe alles Äußerliche übersteigen. Gibt es wohl eine so feste Verbindung zwischen dem Glauben selbst und der Liebe, die hier sowohl als Nächstenliebe wie auch als Gottesliebe, aber vor allem als Gottesliebe verstanden wird?

Es ist darauf sicher zu antworten, daß zwischen Glaube und Liebe so ein Band besteht. In einem gewissen Sinne muß man sogar sagen, daß unter den beiden keines wirklich den Vorrang hat. Andererseits jedoch steht auch fest, daß das Wort Glaube mehr den Verlauf der Hinwendung bezeichnet, Liebe bezeichnet eher die Einigung selbst. So entsteht ein bleibender Unterschied, der sich auch noch in der Beziehung zwischen dem Dienst am Glauben und dem Einsatz für die Gerechtigkeit widerspiegelt.

Sehr häufig besteht die Tendenz, daß der Glaube ausschließlich auf der Seite des Wissens angeordnet wird. Und dann wählt man je nach Veranlagung aus zwei Dingen eines: entweder betrachtet man den Glauben und den Dienst am Glauben als etwas ziemlich Billiges, ein hauptsächlich intellektuelles Interesse, aber, so sagt man, der Mensch wird nach etwas anderem beurteilt; oder aber man interessiert sich im Gegenteil fast ausschließlich für den Glauben, denn, so heißt es, wie könnte man lieben, was man nicht kennt? Oder man sieht auch die Liebe sehr wohl mit dem Glauben verbunden, aber nur so als wäre sie vom Glauben „bestimmt". Der Glaube würde der Liebe Befehle erteilen, wie wenn sie etwas außerhalb des Glaubens wäre.

Jedoch Wissen und Liebe unterscheiden sich nicht so, wenn es sich um die Welt Gottes handelt (auch wenn sie sich so strikt unterscheiden, wo es sich allein um die Welt des Menschen handelt). Selbst der heilige Thomas von Aquin, den ja viele heute als Intellektualisten ansehen, versteht den Glauben ganz anders. Für ihn „gehört Glauben zur Einsicht", aber nur „insoweit wie sie durch den Willen getragen ist, seine Zustimmung zu geben". (Anm. 10) Oder er sagt auch, die Einsicht sei „vom Willen vorwärtsgetrieben". Die Liebe ist die „Form" des Glaubens, wobei das Wort Form die Bedeutung von „Ziel, auf das der Akt des Glaubens gerichtet ist" hat. Damit ist der Glaube eindeutig in die Liebe eingeschlossen. Es handelt sich um eine Vorrechtstellung, nicht nur um den Vorrang der Liebe. Die Liebe, so sagt der heilige Thomas von Aquin, „reicht bis an Gott selbst heran und findet in Ihm seine Ruhe". Glaube und Hoffnung „reichen zweifellos bis an Gott heran, aber nur insoweit wie wir durch ihn das Wissen von der Wahrheit und den Besitz des Guten erlangen". (Anm. 12)

Ein Kommentator sagte zu diesen Worten des heiligen Thomas: „In der Reihenfolge der Entstehung ist die Liebe die dritte der theologischen Tugenden; aber wo es um Exzellenz und Einfluß geht, ist sie die erste. Denn sie wird das Lebensprinzip und der höchste Beweger des übernatürlichen Gewissens." (Anm. 13) In demselben Geiste sagt Pater Arrupe gern, daß die Liebe grundsätzlich genauso dem Glauben wie der Gerechtigkeit zugrunde liege.

In der Einleitung zu seinem Kommentar über das Apostolische Glaubensbekenntnis schrieb Kardinal de Lubac: „Der Glaube ist nicht nur eine Art von Wissen. Er ist etwas ganz anderes als eine einfache Überzeugung. Er ist ein im wesentlichen persönlicher Akt, der, wenn er nur richtig verstanden wird, die Grundlage des Seins berührt. Er gibt dem Sein die Richtung." (Anm. 14) An anderer Stelle heißt es: „Wenn ich an Gott glaube, wenn ich ihm meinen Glauben gebe, wenn ich, als Antwort auf seine Initiative, mich vom Grunde meines Seins ihm hingebe, schafft er ein Band der Gegenseitigkeit zwischen Ihm und mir, das so beschaffen ist, daß dasselbe Wort Glaube auf jeden der beiden Partner angewendet werden könnte: ‚Der Glaube der beiden Seiten', schrieb der heilige Johannes vom Kreuz, nicht ohne

Kühnheit, im Hinblick auf die Beziehung zwischen der gläubigen Seele und Gott."
(Anm. 15) Man spürt aus diesen Zeilen die Beziehung zur Liebe und, daß Gott
dieselbe Initiative entwickelt; durch seine Liebe ruft er die Liebe, die der Mensch
ihm zuwenden kann, ins Leben.

Wohlverstanden, Kardinal de Lubac wies dann auch sehr richtig hin auf die
Beziehung zwischen dem Akt grundlegender Hingabe an Gott und der
Zustimmung zum Inhalt des Glaubens. Sie findet sich wie eine unumgängliche
Widerspiegelung des Glaubens an Gott in allen Glaubensüberzeugungen: „Die
ganze christliche Tradition ist von den ersten Tagen an klar darin bezeugt, daß
sie in einem einzigen Akt den, an den sie glaubt, und das, was sie glaubt, verbindet.
Als Antwort auf die Gabe, die Gott uns in seinen Werken (Schöpfung, Erlösung,
Heiligung) zukommen ließ, geben wir uns ihm hin. Damit er nicht leer und rein
formell bleibt, nährt sich der Glaube von der Überzeugung, die er zugrunde legt,
die er durchdringt, die er umfaßt . . . Unser Glaube . . . ist das Fürwahrhalten
eben jenes Wortes Gottes, das Mensch wurde und sich mitteilbar machte, um sich
von uns sagen und verstehen zu lassen, um uns in unserem irdischen Leben zu
treffen. Und nur auf diese Weise können wir an seiner Einheit teilnehmen."
(Anm. 16)

Ein gewisser Vorrang des Glaubens auf der psychologischen Ebene

Das oben Gesagte verbietet eindeutig die Annahme, daß das Fürwahrhalten von
Inhalten des Glaubens – credo quod – unwichtig sei. Das schienen nämlich einige
leidenschaftliche Theologen auszudrücken, wo sie darauf drängten, das Christentum sei durch Liebe, Gerechtigkeit und Befreiung zu verwirklichen. Aber man
kann einen noch grundlegenderen Gesichtspunkt der Sache aufzeigen: selbst wenn
der Glaube, das ‚credo in', die Hingabe seiner selbst an Gott, immer die Liebe in
sich hat, selbst wenn die Liebe die „Form" des Glaubens ist, es wird nicht anders
als in unserer Psychologie, in unserer erdgebundenen Betrachtung der Dinge; das
heißt, es besteht ein Unterschied zwischen dem Glauben und der Liebe. „Glauben",
so sagt der heilige Thomas, „ist auch unmittelbar ein Akt der Einsicht, denn der
Gegenstand dieses Aktes ist das Wahre, das eigentlich zur Einsicht gehört." (Anm.
17) Und dieser Unterschied gibt psychologisch dem Glauben einen gewissen
Vorrang: der Mensch setzt zunächst sein Vertrauen auf Gott, er vertraut sich ihm
an, er steht zu ihm aufgrund der Gaben, die Gott schenkte, noch bevor der Mensch
ihm etwas gegen konnte. Wir können Gott selbst etwas geben oder den Menschen,
unseren Brüdern, jedoch auch wenn der Akt der Hingabe an Gott schon der Anfang
unseres Gebens ist, ist Gottes Geschenk doch noch früher. Der erste Ausgang des
Glaubens ist von diesem Standpunkt aus zu sehen, er spiegelt sich in der Liebe,

in der Liebe zu Gott und zum Nächsten, ja in allen Akten, die unternommen werden können, um die Gerechtigkeit zu verwirklichen.

Der Glaube ist, wenn er richtig verstanden und nicht als einfache – und leere – intellektuelle Übung aufgefaßt wird, wesentlich und zentral auf allen Wegen, auf denen der Mensch zum Menschen wird. Er wird mehr oder weniger klar ausgedrückt werden können, er wird mehr oder weniger in die Überzeugungen, vor allem in die der Kirche übertragen und bei vielen bleibt er vielleicht nur implizit, aber er ist in jedem Falle grundlegend. Das heißt, er steht überall da, wo sich die Freiheit mit dem Absoluten trifft, das sie beseelt, und dort, wo sie sich selbst in Richtung auf die Brüder in der Menschheit übersteigt, die auf keine andere Weise die volle Rechtfertigung erhalten kann.

Aber die Rückkehr zur Einheit ist immer auch nötig

Wegen dieses Vorranges ist der Glaube die erste unter den theologischen Tugenden: Glaube, Hoffnung und Liebe. Und auf Grund eben dieses Vorranges benutzte die Gesellschaft Jesu, als sie den Akzent auf die Wichtigkeit des Einsatzes für die Gerechtigkeit setzte, den Ausdruck „Dienst am Glauben", das heißt, Menschen helfen, daß sie sich Gott hingeben, daß sie glauben, um so die grundlegende Aufgabe zu umreißen. Aber wir erkannten auch die tiefe Einheit, die zwischen der Bewegung durch den Glauben und der durch die Liebe zu finden ist. Und da es nicht weniger Einheit gibt zwischen der Liebe Gottes und der Liebe der Menschen, sehen wir auch hier besser, wie der Glaube, in höchst theologischer Hinsicht, die Liebe zu unseren Brüdern nahelegt. Wir können sogar sagen, daß er sie fordert, und das bringt uns näher an die Sprechweise des 4. Dekrets, das, wie wir schon gesehen haben, vom Einsatz für die Gerechtigkeit als absolute Forderung des Dienstes am Glauben spricht. Es stellt also in aller Deutlichkeit fest, daß die Gerechtigkeit, und vor allem die Liebe, die sie einschließt, selbst auch vom Glauben her gefordert sind.

Wir unterstreichen hier, daß wir so bereits über die Absicht hinausgegangen sind, nach der der Glaube die Werke der Nächstenliebe als eine moralische Verpflichtung fordert oder befiehlt. Denn sie steht hier außerhalb eines theologischen Aktes, vor allem außerhalb des Glaubensaktes. Die Beziehung erschien uns in der Tat mehr direkt, mehr innerlich zu sein: der Glaube ist schon eine Bewegung zum anderen hin, und das sogar als eine Bewegung vom Grunde des Seins her. Die Liebe ist in keiner Weise Besitzen, nicht einmal Besitzen ihrer eigenen Werke. Es ist Hingabe seiner selbst, Aufgabe seiner selbst, anderen geschenkter Glaube, ein Glaube, der schließlich Gott selbst gegeben ist (wenn man ihn ganz oder gar den Brüdern schenkt).

Man muß sich hier einer Sprache bedienen, die, selbst, wenn sie wie eine säkularisierte Sprache zu klingen scheint – weil soviel Wert auf das Wort Liebe gelegt wird und Liebe als etwas verstanden ist, das den Glauben übersetzen, ausdrücken und beleben muß –, tatsächlich aber doch weit mehr einer durchaus religiösen Sprache angehört. Denn die Bedeutung des Glaubens ist so hoch gewertet, daß die Liebe ständig auf den Glauben als ihren Ursprung, auf die völlige Selbstaufgabe, zurückgeführt wird. Das ist der Zusammenhang, in den unser Dekret 4 hineingeschrieben ist. Das sind seine theologischen Grundlagen. Es sind ganz grundlegende Wahrheiten, auf die man aber nichtsdestoweniger nur selten seine Aufmerksamkeit richtet.

Wenn das auch einfach ist, muß es doch nicht immer leicht verständlich sein, es verdient weiter erforscht und bedacht zu werden.

Hier berühren wir nämlich Gebiete, die für ein rechtes Gleichgewicht des christlichen Gewissens in der Welt von heute wichtig sind: es ist in der Zeit nach dem Konzil häufig in verschiedene Richtungen geworfen worden, so daß es im ungewissen blieb, wo es sich denn um Glauben handelte und wo um Liebe, ebenso wie die Beziehungen zwischen beiden aussähen. Nun sehen wir aber ganz im Gegenteil, daß man zu einer klaren Beziehung zwischen Glaube und Liebe kommen könnte, ohne einen der beiden Begriffe aufgeben zu müssen. Wenn diese Bedingung erfüllt ist, scheinen die grundlegenden theologischen Voraussetzungen des 4. Dekrets sicher zu sein.

Eine direktere Beziehung zwischen Gerechtigkeit und Glauben?

Nachdem wir nun ständig darauf hingewiesen haben, daß die Liebe eine Mittlerrolle einnimmt in der Beziehung zwischen Glaube und Gerechtigkeit, wollen wir nun zum Abschluß auch auf einen Versuch hinweisen, den der Jesuit John Sobrino aus El Salvador unternahm, eine direktere, ja eine unmittelbare Beziehung zwischen Gerechtigkeit und Glaube wie auch zwischen Glaube und Gerechtigkeit sichtbar zu machen. „Wir versuchen zu zeigen", sagt er in einem Aufsatz zu diesem Thema, „wie die Praxis der Gerechtigkeit im konkreten Leben den Sinn des Glaubens sichtbar macht, wie sie es ermöglicht, daß das Geheimnis Gottes im Schoße des geschichtlichen Handelns erscheint und wie sie wichtige Aspekte dieses Geheimnisses, die niemals so leicht durch andere Formen der praktischen Liebe in Erscheinung träten, in der Geschichte wahrnehmbar werden läßt." (Anm. 18) Es lohnt sich, dieser Ansicht ein wenig zu folgen und sie auszuwerten.

Allein schon durch die Praxis der Gerechtigkeit ist Gott als Mysterium erreicht, sagt Sobrino. „Das ‚Größer-Sein' Gottes", sagt er, „kann durch eine Schlußfolgerung erfaßt werden, die zu seiner unbegrenzten Realität hinführt. Es ist möglich durch die philosophischen Betrachtungen über das geschaffene Endliche, oder durch die Erfahrungen der Bewunderungen auf den Gebieten der Aesthetik, des Geistes und der Weisheit. Sie bewirken, daß der Blick sich auf etwas richtet, ein Blick, der zum Jenseits dessen geht, was in strengem Sinne der Erfahrung offen steht. Dort wo die Gerechtigkeit im praktischen Leben sichtbar wird, erscheint die Transzendenz Gottes in einer anderen, einer mehr grundlegenden Weise. Das Geheimnis Gottes, der immer der Größere ist, wird hier durch das ,Mehr' berührt, das den Menschen ,menschlich machen', ihn neu erschaffen muß. . . . Der Vorgang, durch den Gott den Menschen immer wieder (immer noch mehr) Gerechtigkeit zukommen läßt, die Erfahrung, die man a priori von der Unbegrenztheit dieses ,Mehr' macht und die Unmöglichkeit, daß der gerecht Handelnde die Grenzen der Forderungen der Gerechtigkeit bestimmt, ist eine Hinführung zu der Erfahrung, daß Gott der Größere ist." (Anm. 19) Und weiter: „Das vorrangige Eintreten für die Armen und die Bemühung, sich mit ihnen zu solidarisieren, fordern das Arm-Werden von uns selbst, und damit eine Ähnlichkeit mit Gott, wie er in der Schrift auftritt. Man sieht ihn dort ganz vorrangig für die Armen eintreten, man sieht auch, wie er arm geworden und in den Kleinen verborgen ist. Wir finden Zugang zu dem größeren und transzendenten Gott durch Kontakt mit dem kleineren Gott, dem, der in den Kleinen verborgen ist, der am Kreuze Jesu gekreuzigt war, aber ebenso auch an den unzählbaren Kreuzen der Unterdrückten unserer Zeit." (Anm. 20)

An zweiter Stelle, so sagt Sobrino, ist der Zugang zu Gott eine Wahl: für Gott und gegen anderes. Der Zugang zu Gott kommt dadurch zustande, daß eine Grundentscheidung zwischen zwei Alternativen fällt. Man kann nicht zwei Herren dienen. Man muß für Jesus sein oder gegen ihn. Wer sein Leben verliert, gewinnt es. Nun aber, so erklärt er, bringt uns die Praxis der Gerechtigkeit schon in eine solche Situation, in der eine Entscheidung zwischen den Alternativen Gerechtigkeit und Ungerechtigkeit zu fallen hat; „den Menschen das Leben geben oder sie dem Tode überlassen". Wo Gerechtigkeit geübt wird, liegt schon eine grundlegende und klar unterscheidende Wahl vor: Gott selbst (der ganz andere), Gott selbst oder die falschen Götter, das steht hier letztlich zur Wahl.

Der dritte Punkt ist folgender: „Die Erfahrung des Geheimnisses Gottes besteht nicht nur im Wissen darüber, daß wir uns Gott anvertraut haben. Es birgt vielmehr das Wissen in sich, daß wir durch ihn ,gefordert' sind. Selbst vom Standpunkt der philosophischen Reflexion aus ist es klar, daß Gott die Macht hat zu fordern und ohne Bedingungen zu fordern. . . . Die praktische Durchführung der Gerechtigkeit konkretisiert also, sie radikalisiert und verdeutlicht die Forderung Gottes und den Aufruf, diese Forderung in Eile zu verwirklichen." (Anm. 21)

Sobrino weist an anderer Stelle auf die Haltung dessen hin, der bereit ist, sein Leben hinzugeben, damit andere leben: auch dort, gerade in dieser Negation, liegt eine

„Bestätigung des Geheimnisses Gottes". (Anm. 22) Er spricht auch darüber, daß die Finsternis eines der Geheimnisse Gotts ist: Die Finsternis und das Schweigen werden bisweilen intensiver empfunden als das Hören seiner Worte. Die Erfahrung Gottes ist, kurz gesagt, der Glaubenslosigkeit entrissen; man glaubt ‚trotz' so vieler Versuchungen und Einwände. Nun, so sagt er, die Ergebnisse der Suche nach Gerechtigkeit sind auch häufig negativ. Der Skandal, daß der Henker über sein Opfer triumphiert, läßt sich vergleichen mit der Vorstellung von dem Mysterium, daß Gott machtlos ist, dem Mysterium der Weisheit des Kreuzes.

Kurz, es sieht so aus, als hätte schon die Bewegung für die Verwirklichung der Gerechtigkeit etwas Radikales, Unbegrenztes und Dunkles an sich, die auf die Radikalität des Seins Gottes, auf seine Unendlichkeit und sein Mysterium hinweist. Hier wird ohne Zweifel ein sehr interessanter Aspekt aufgezeigt. Und die Ausdrucksweise hat auch gewisse Ähnlichkeit mit denen der Patres Kerber, Rahner und Zwiefelhofer, wo sie unsere Aufmerksamkeit darauf richten, daß die Liebe Gottes in gewisser Weise in der Liebe der Menschen schon gegenwärtig ist. Höchstens müßte an dieser Stelle bemerkt werden, daß Sobrino, da er weniger ausdrücklich von „Transzendentalismus" spricht als Kerber, Rahner und Zwiefelhofer, in der Gefahr ist, manchmal die Beziehung zwischen Gerechtigkeit und Glauben zu unmittelbar darzustellen. Er geht sogar so weit, daß am Ende die Praxis der Gerechtigkeit das Mysterium Gottes oder wenigstens Aspekte dieses Mysteriums wäre. Im Transzendentalismus gibt es keinen so direkten Einschluß, das Absolute ist nur im menschlichen Handeln eingeschlossen, die Handlungen aber bleiben endlich und begrenzt, weil sie geschichtlich bestimmt sind.

Die Vermittlung der Liebe gehört dazu

Was auch immer zu diesem Punkt zu sagen ist, es scheint ratsam zu sein, wenn wir richtig über die Beziehung zwischen Glaube und Gerechtigkeit sprechen wollen, niemals die ausdrückliche Mittlerstellung der Liebe auszulassen. Die Liebe ist gewiß nicht realistisch verstanden, sie ist darum irgendwie verleugnet, wenn man nicht zuerst der Gerechtigkeit einen Platz einräumt. Und es ist sehr wohl wahr, daß Gerechtigkeit Strenge besagt, Radikalität und Ausdauer, daß darum die Praxis der Gerechtigkeit in der Lage ist, auf bestimmte Aspekte des Mysteriums Gottes hinzuweisen. So sagt es jedenfalls Sobrino. Aber muß man hier nicht immer klar hinzufügen, daß die Praxis der Gerechtigkeit, eine Form der Liebe, immer auch in der Liebe bleiben muß? Mit anderen Worten, besteht nicht die Gefahr, zur Vorstellung von einem Gott zu kommen, der fordert und eifersüchtig ist, und der das noch mehr ist als daß er ein liebender, verzeihender und barmherziger Gott wäre? Das ist gewiß nur eine Nuance in Beziehung zu den Gedanken eines

Autoren, der vor Eifer für die Gerechtigkeit brennt, wie es bei John Sobrino der Fall ist. Aber es handelt sich nicht um eine indifferente Nuance, und das Beispiel, das wir sogar im 4. Dekret haben, das an den wichtigsten Stellen seiner Lehre zur Vermittlerrolle der Liebe zurückkommt, darf nicht als unwichtig abgetan werden. Es ist besonders zu raten, daß man sich immer vor Augen hält, daß man es in seinen Worten aufklingen läßt und in seinem Herzen bewahrt, was das 4. Dekret über „die Konversion der Menschen zur Liebe und durch sich zu den Erfordernissen der Gerechtigkeit" (Anm. 23) sagt, ebenso ist es auch mit dem zu halten, was es über die „vollkommene Gerechtigkeit des Evangeliums" sagt und das auch gleich genauer beschrieben wird als „Verzeihung zugefügten Unrechts", „Überwindung der Feindschaft", „Versöhnung" und „Barmherzigkeit". (Anm. 24) Alles in allem steht fest, daß die Praxis der Gerechtigkeit, die die Liebe voraussetzt, einen Weg zum Glauben hin öffnet und daß umgekehrt der Glaube nach der Gerechtigkeit ruft.

Anmerkungen

1 Dekret 4, Nr. 28
2 ebda., Nr. 29
3 „Verwurzelt und begründet in der Liebe", Nr. 50
4 ebda.
5 ebda., Nr. 52
6 ebda., Nr. 53
7 ebda., Nr. 54
8 Dekret 4, Nr. 27
9 ebda.
10 Summa Theologica, IIa–IIae, q. 2 a.2
11 ebda., q. 4 a.3
12 ebda., q. 23 a.6
13 H. D. Noble, Einführung zu dem Band La charité, 1. Band, Edition de la Revue de Jeunes, 1936, S. 6
14 H. de Lubac, La foi chretienne, Aubier, 1969, S. 144
15 ebda., S. 145
16 ebda., S. 148
17 Summa Theologica, IIa–IIae, q. 4 a.2
18 John Sobrino, „la promocion de la justicia como exigencia exencial del mensaje evangelico", in Diakonia, San Salvador, Dez. 1979, Nr. 12, S. 45
19 ebda., S. 45 f.
20 ebda., S. 46
21 ebda., S. 48
22 ebda., S. 49
23 Dekret 4, Nr. 28
24 ebda., Nr. 18

III. Teil
Aufgabe der Kirche
Aufgabe der Gesellschaft Jesu

9. Kapitel

Verkündigung des Evangeliums und Einsatz für die Gerechtigkeit

Es ist klar, daß man keine Beziehung zwischen Verkündigung des Evangeliums und Einsatz für die Gerechtigkeit angeben kann, wenn es nicht schon vorher eine innere und wesentliche Beziehung zwischen Glauben und Gerechtigkeit gibt. Wir haben gesehen, daß diese Beziehung besteht, im wesentlichen durch die Vermittlung der Liebe. Aber mit der Tatsache, daß die zweite Beziehung vorhanden ist, ist noch nicht alles über die erste Beziehung gesagt. Wir betreten hier in der Tat den Boden konkreter Aufgaben: die Kirche besteht zwar unter den Menschen, sie ist aber nicht die ganze Menschheit; Verkündigung des Evangeliums ist darum eine verhältnismäßig spezielle Aufgabe; kann sie überhaupt andere Aufgaben einschließen, wie zum Beispiel den Einsatz für die Gerechtigkeit?

Zu diesem Zeitpunkt, als die Gesellschaft Jesu das 4. Dekret verabschiedete, war die Diskussion über die Frage in der ganzen Kirche sehr angeregt. Wie wir schon erwähnt haben, hatte die Bischofssynode vom Jahr 1971 dies Thema in ihrem Dokument „Gerechtigkeit in der Welt" behandelt, und die Synode von 1974 sprach über das gesamte Problem der Evangelisation; und Paul VI. veröffentlichte 1975 die Enzyklika „Evangelii Nuntiandi". Diese Dokumente erhellen das, was die 32. Generalkongregation im 4. Dekret sagte, und sie stellen dies Dekret in einen festen Zusammenhang. Hinzu kommt, was die Päpste zur Klärung über dieses Thema sagten, als sie bei der Gesellschaft Jesu intervenierten.

Im 4. Dekret

Zunächst einmal geht es um die Frage: was hat die Generalkongregation selbst gesagt? – Sie hat in der Tat ziemlich klare Worte zu diesem Thema gesprochen. Diese Worte sind uns bereits bekannt, aber es ist doch von Nutzen, sie von neuem zu lesen. „Der Einsatz für die Gerechtigkeit" ist „eine absolute Forderung" des „Dienstes am Glauben", wobei der Ausdruck „Dienst am Glauben" dem der „Evangelisation" (Anm. 1) sehr ähnlich ist. Dann heißt es: „Der Kampf für die Gerechtigkeit" ist eingeschlossen im „Kampf für den Glauben". (Anm. 2) „Der Einsatz für die Gerechtigkeit ist innerer Bestandteil der Evangelisation." (Anm. 3) Und weiter: „Der Einsatz für die Gerechtigkeit ist ein integrierender Bestandteil des priesterlichen Dienstes am Glauben." (Anm. 4) Das ist eine speziellere Ausdrucksweise, weil sie die Priester betrifft. Schließlich auch eine Stelle, die sogar das Wort Evangelisation mit verwendet: „Evangelisation ist Verkündigung des Glaubens, der in der Nächstenliebe wirksam wird. Sie kann nicht verwirklicht werden ohne Einsatz für die Gerechtigkeit." (Anm. 5)
Auch den folgenden Satz wird man noch nicht vergessen haben: „Es gibt keine wirkliche Verkündigung Jesu und seiner Frohbotschaft ohne entschlossenen Einsatz für die Gerechtigkeit." (Anm. 6)

Auf der Synode von 1971

Nun, die Kirche bestätigt diese Standpunkte ganz und gar durch ihre offiziellen Dokumente. Es ist jedoch zu gleicher Zeit auch wahr, daß sie andere Akzente setzt, vor allem auf der Synode von 1974. Sie ist in ihrem Brief bezüglich der Funktionen, die vor allem Laien und Priester in der Evangelisation auszuüben haben, noch ausführlicher als das 4. Dekret.
Wie kam in den letzten Jahren die ganze Frage in die Diskussion? – Die Synode von 1971 stellte fest: „Der Kampf für die Gerechtigkeit und die Teilnahme an der Umformung der Welt . . . ist eine konstitutive Form der Verkündigung des Evangeliums, die ja die Sendung der Kirche ist zur Erlösung der Menschen und für ihre Befreiung von aller Unterdrückung." Diese Worte sind, so sagt die Synode, sogar durch das Beispiel Christi gestützt: „Er hat Gott als Vater aller Menschen verkündet und gesagt, daß die Gerechtigkeit Gottes zugunsten der Bedürftigen und Unterdrückten (siehe Lk 6, 21–23) eingreife. Er hat sich mit den kleinsten seiner Brüder solidarisch erlärt, und er ging so weit, daß er sagte: ‚Was ihr für einen meiner geringsten Brüder getan habt, das habt ihr mir getan'" (Mt 25. 40). Darauf ging die Synode auf die der Kirche eigene Sendung ein und sagte: „Die Kirche hat von Christus die Sendung erhalten, die Botschaft des Evangeliums zu

verkünden; diese Botschaft schließt den Auftrag ein, sich von der Sünde frei zu machen und sich der Liebe des Vaters zuzuwenden, der universellen Brüderlichkeit und durch sie dem Einsatz für die Gerechtigkeit in der Welt." Sie hat darum die Pflicht, „die Gerechtigkeit zu verkündigen" und „die Situation der Ungerechtigkeit aufzuzeigen, wann immer die Grundrechte oder sogar auch das Heil des Menschen es erfordern."

Es folgten dann Sätze, die schon den Entwurf für spätere Unterscheidungen enthalten. Die Kirche geht den Einsatz für die Gerechtigkeit an mit einer besonderen Sehweise: „Die Kirche ist nicht allein verantwortlich für die Gerechtigkeit in der Welt; auf diesem Gebiete hat sie jedoch eine besondere Verantwortung, eine, die ihr eigentümlich ist. Sie identifiziert sich mit der Sendung, vor der Welt Zeugnis zu geben, daß die Liebe und die Gerechtigkeit Forderungen sind, die sich in der christlichen Botschaft finden. Dieses Zeugnis müßte sie in ihren eigenen Einrichtungen und im Leben der Christen in die Wirklichkeit umsetzen." Es ist also in besonderer Weise eine Sendung, von dieser Forderung nach Liebe und Gerechtigkeit, die in der christlichen Botschaft enthalten ist, Zeugnis abzulegen. Deshalb geht es nicht in erster Linie darum, daß sie selbst Maßnahmen für die Gerechtigkeit ergreift.

Andererseits besteht die Kirche ja als eine Gemeinschaft, die als offizielle Organisation auftritt, und ebenfalls als Versammlung der Gläubigen oder in ihrem täglichen Leben. Eine gewisse Aufgabenverteilung stellt sich schon bald heraus: „Die Kirche hat als religiöse und hierarchische Gemeinschaft keine konkreten Lösungen für die Gerechtigkeit in der Welt anzubieten, weder im sozialen noch im politischen oder ökonomischen Bereich. Aber der Inhalt der Sendung ist die Verteidigung und Förderung der Würde und der Grundrechte der menschlichen Person." Ihrerseits „haben die Mitglieder der Kirche genauso wie die Mitglieder der zivilen Gesellschaft das Recht und die Pflicht, sich für das Gemeinwohl einzusetzen. Die Christen müssen ihre irdischen Aufgaben mit Treue und Kompetenz erfüllen. Sie müssen wie Sauerteig wirken in ihrem Familienleben, in ihrem Beruf, in ihrer sozialen, kulturellen und politischen Umgebung . . . In diesen Aktivitäten handeln sie im allgemeinen als ihr eigener Herr, sie übertragen dabei die Verantwortung nicht ganz der kirchlichen Hierarchie; in gewisser Weise allerdings geben sie auch der Kirche eine Verantwortung, da sie ja ihre Mitglieder sind."

Das ist nun in der Tat eine sehr geringfügige Unterscheidung, und sie ist relativ, wie wir gesehen haben, denn es sind dieselben Personen, die Christen, die in eigener Verantwortung in der Welt am Werke sind und „im Geiste des Evangeliums und der Lehre der Kirche" handeln, und die Christen, die auch die Gemeinschaft der Kirche bilden. Die Mitglieder der Hierarchie ragen etwas heraus, denn sie repräsentieren die Kirchengemeinschaft offiziell; sie sind nämlich im täglichen Leben mehr in die Verantwortlichkeit der Kirche verwickelt.

Aber der Einsatz für die Gerechtigkeit ist unter dem einen oder anderen Aspekt und in den oben angegebenen verschiedenen Formen immer ein Teil der Evangelisation.

In der Enzyklika „Evangelii nuntiandi"

Paul VI. nahm im Jahre 1975 die Frage von neuem auf, und zwar in der Enzyklika „Evangelii nuntiandi". Ganz ausdrücklich handelte es sich da um die „Förderung des Menschen", nicht um den „Einsatz für die Gerechtigkeit", aber das letztere ist offensichtlich ein Teil des ersteren.

Im 3. Teil dieses Dokumentes, das den Titel „Der Inhalt der Evangelisation" trägt, legt Paul VI. zunächst das Wesentliche der Botschaft dar, das, was nicht fehlen darf, wenn es sich um die christliche Botschaft handelt. „Evangelisieren besagt zu allererst, auf einfache und direkte Weise Zeugnis zu geben von Gott, der sich durch Jesus Christus geoffenbart hat im Heiligen Geist. Zeugnis davon zu geben, daß er in seinem Sohn die Welt geliebt hat; daß er in seinem menschgewordenen Wort allen Dingen das Dasein gegeben und die Menschen zum ewigen Leben berufen hat." (Anm. 7) „Die Evangelisation wird auch immer . . . eine klare Verkündigung dessen sein, daß in Jesus Christus, dem menschgewordenen, gestorbenen und auferstandenen Sohne Gottes, das Heil einem jeden Menschen angeboten ist als ein Geschenk der Gnade und des Erbarmens Gottes selbst. Dabei geht es nicht etwa um ein diesseitiges Heil nach dem Maß der materiellen Bedürfnisse oder auch der geistigen, die sich im Rahmen der zeitlichen Existenz erschöpfen und sich mit den zeitlichen Wünschen, Hoffnungen, Geschäften und Kämpfen gänzlich decken, sondern um ein Heil, das alle Grenzen übersteigt, um sich dann in einer Gemeinschaft mit dem einen Absoluten, mit Gott, zu vollenden . . ." (Anm. 8) Und weiter: „Die Predigt des Evangeliums muß folglich die prophetische Verkündigung eines Jenseits enthalten, das eine tiefe, endgültige Berufung des Menschen ist, die zugleich eine Fortsetzung und ein völliges Umsteigen des jetzigen Zustandes darstellt." (Anm. 9) Gleichermaßen schließt die Evangelisation die Verkündigung „von der Suche nach Gott selbst ein, die durch das Gebet, vor allem durch Anbetung und Danksagung, geschieht, aber auch durch die Gemeinschaft mit jenem sichtbaren Zeichen der Begegnung mit Gott, das die Kirche Jesu Christi ist" (Anm. 10) und mit den Sakramenten dieser Kirche.

Das war eine gute Formulierung, darum fiel es Paul VI. auch leicht, von der Beziehung zwischen Evangelisation und Förderung des Menschen zu sprechen. „Das Werk der Verkündigung", so sagte er, „wäre nicht vollkommen, wenn es nicht dem Umstand Rechnung tragen würde, daß sich im Lauf der Zeit das Evangelium und das konkrete persönliche und gemeinschaftliche Leben des

Menschen gegenseitig fordern" (Nr. 29). „Zwischen Evangelisierung und menschlicher Förderung – Entwicklung und Befreiung – bestehen in der Tat enge Verbindungen." (Anm. 11)

Kommen wir noch einmal auf die Fortsetzung seiner Äußerungen zurück, obwohl sie am Anfang dieses Werkes schon einmal zitiert wurde: „Verbindungen anthropologischer Natur, denn der Mensch, dem die Frohbotschaft gilt, ist kein abstraktes Wesen, sondern sozialen und wirtschaftlichen Problemen unterworfen; Verbindungen theologischer Natur, da man ja den Schöpfungsplan nicht vom Erlösungsplan trennen kann, der hineinreicht bis in die ganz konkreten Situationen des Unrechts, das es zu bekämpfen, und der Gerechtigkeit, die es wiederherzustellen gilt. Verbindungen schließlich jener ausgesprochen biblischen Ordnung, nämlich der der Liebe: Wie könnte man in der Tat das neue Gebot verkünden, ohne in der Gerechtigkeit und im wahren Frieden das echte Wachstum des Menschen zu fördern?" (Anm. 12)

Jedoch Paul VI. fühlt sich durch die Krisen, die in den letzten Jahrzehnten hier und dort entstanden, dazu veranlaßt, besonders hervorzuheben: „Wir dürfen uns in der Tat nicht verheimlichen, daß viele hochherzige Christen, die für die dramatischen Fragen aufgeschlossen sind, die sich mit dem Problem der Befreiung stellen, in der Absicht, die Kirche am Einsatz für die Befreiung zu beteiligen, oft versucht sind, ihre Sendung auf die Dimensionen eines rein diesseitigen Programms zu beschränken; ihre Ziele auf eine anthropozentrische Betrachtungsweise; das Heil, dessen Bote und Sakrament sie ist, auf einen materiellen Wohlstand; ihre Tätigkeit, unter Vernachlässigung ihrer ganzen geistlichen und religiösen Sorge, auf Initiativen im politischen und sozialen Bereich." (Nr. 32) „Wenn es aber so wäre", ruft, wie wir oben schon sahen, Paul VI. aus, „würde die Kirche ihre grundlegende Bedeutung verlieren." (Nr. 32) Sie würde ihre Originalität verlieren; sie würde auch ihre Autorität verlieren, „gleichsam von Gott her die Befreiung zu verkündigen." (Nr. 32) „Die Kirche verbindet die menschliche Befreiung und das Heil in Jesus Christus eng miteinander, ohne sie jedoch jemals gleichzusetzen, denn sie weiß aufgrund der Offenbarung, der geschichtlichen Erfahrung und durch theologische Reflexion, daß nicht jeder Begriff von Befreiung zwingend schlüssig und vereinbar ist mit einer biblischen Sicht des Menschen, der Dinge und Ereignisse; sie weiß, daß es für die Ankunft des Reiches Gottes nicht genügt, die Befreiung herbeizuführen sowie Wohlstand und Fortschritt zu verwirklichen." (Anm. 13)

Ist es nicht so, daß hier die notwendigen Unterscheidungen mehr betont werden als die wesentlichen Verbindungen? – Vielleicht. – Es ist die Erfahrung der letzten Jahre, die Paul VI. diese Wachsamkeit diktieren. Einige Jahre später äußerte er, daß er sehr wohl neben den Unterscheidungen auch die Verbindungen sieht.

Übrigens legt Paul VI. der Kirche, vor allem der Kirche als einer offiziellen Gemeinschaft, in positiver Weise das folgende Programm vor: „Sie sucht immer mehr Christen heranzubilden, die sich für die Befreiung der anderen einsetzen. Sie gibt diesen Christen, die als ‚Befreier' tätig werden, eine vom Glauben geprägte Einstellung, eine Motivation zur Bruderliebe und eine Soziallehre, die ein echter Christ nicht außer acht lassen kann, sondern die er als Grundlage für seine Überlegungen und seine Erfahrungen nehmen muß, um sie in die Tat umzusetzen im eigenen Handeln, im Zusammenwirken mit anderen und dadurch, daß man dafür eintritt. . . . Die Kirche bemüht sich, den christlichen Einsatz für die Befreiung stets in den umfassenden Heilsplan einzuordnen, den sie selbst verkündet." (Anm. 14) An anderer Stelle sagt er von den Laien: „Das ihnen eigentümliche Aktionsfeld ist die weite und schwierige Welt der Politik, des Sozialen, der Wirtschaft, aber auch die der Kultur, der Wissenschaften und der Künste" (ebenfalls der Familie und des Arbeitslebens).

Johannes Paul II. und sein Standpunkt

Es war dann Johannes Paul II., der in einer äußerst bestimmten Weise das hervorhob, was die Botschaft in der Rolle der Priester und der Religiosen bei der Evangelisierung sei. Wir haben das bereits in seinen Äußerungen gesehen, die direkt an die Gesellschaft Jesu gerichtet waren: In Ausnahmefällen ist durchaus eine Stellvertretung möglich – heute allerdings weniger als früher – aber es ist als das Normale anzusehen, daß der Priester, selbst wenn er sich für die Gerechtigkeit einsetzt, mehr durch die Anregung und Ausbildung der Laien handelt, als daß er selbst Aufgaben übernimmt, die direkt zu dem Einsatz für die Gerechtigkeit beitragen.
Wir hatten bereits die Gelegenheit, die Ansprache zu erwähnen, die der Papst im Jahre 1980 vor Priestern in Rio de Janeiro hielt und die er auch am 27. Februar 1982, als er vor Jesuiten sprach, zitierte. (Anm. 15) Schon 1979 hatte er zu Priestern und Religiosen von Mexiko gesagt: „Ihr seid die geistlichen Führer, die beauftragt sind, den Herzen der Gläubigen Orientierung zu geben, sie besser zu machen und sie zu bekehren, daß sie die Liebe zu Gott und die Nächstenliebe leben, daß sie der Förderung des Menschen und seiner Würde dienen. . . . Ihr seid Priester und Religiose, ihr seid nicht Herren in der Gesellschaft, ihr seid weder politische Führer noch Funktionäre einer weltlichen Macht."
Es ist wahr, daß derselbe Johannes Paul II. sich sehr für die Menschenrechte und für die Freiheitsrechte des Menschen einsetzt, er weist auch immer wieder auf Ungerechtigkeiten hin: das heißt, er ist sehr bemüht um den Einsatz für die Gerechtigkeit. An anderer Stelle, wo er vor den Jesuiten sprach, wies er von neuem

deutlich darauf hin, daß „die Kirche den Einsatz für die Gerechtigkeit als einen wesentlichen Teil der Evangelisierung ansieht" (27. Februar 1982). Einige Zeilen später sprach er dann von „notwendiger Sorge für die Gerechtigkeit". Für ihn besteht das Problem darum nur darin, daß die Rollen genau bestimmt werden, die einerseits den Priestern und Religiosen und andererseits normalerweise den Laien zukommen. Die Ausdrucksweise der 32. Generalkongregation in bezug auf den Einsatz für die Gerechtigkeit war allgemeiner gehalten. Dort wurde er als absolute Forderung des Dienstes am Glauben angesehen, als wesentlicher Teil der Evangelisierung, als etwas zu dem die Botschaft Jesu Christi nötigte. Diese Ausdrucksweise war als solche, wie wir schon sahen, eine feste Überzeugung geworden. Das hat übrigens auch die 33. Generalkongregation von neuem bestätigt.

Klarstellungen

Aber es ist auch deutlich sichtbar, daß die Verbindung zwischen Evangelisierung und Einsatz für die Gerechtigkeit keine oberflächliche Sache ist. In dieser Hinsicht genügt es nicht zu sagen, daß jeder Einsatz für die Gerechtigkeit in einer Welt, wo der Einsatz für die Gerechtigkeit als großer Wert angesehen wird, schon für den Verkündiger der Frohbotschaft ein Ausweis der Glaubwürdigkeit sei. Man muß sich tatsächlich, wie es die Bischofssynode von 1971 schon tat, auf die Art und Weise beziehen, in der Christus selbst gehandelt hat, oder, wie Paul VI. es tat, auf die Einheit der Liebe zu Gott und der Nächstenliebe und auf die Brüderlichkeit, die auf der Ähnlichkeit aller Menschen mit ihrem gemeinsamen Vater beruht. Und diese Lehre wird in den kommenden Jahren entscheidend sein, denn die extremen Vorgehensweisen und die gegenüber diesen Vorgehensweisen und gegenüber den einseitigen Interpretationen notwendig werdenden Maßnahmen laufen Gefahr, Kräfte vom Einsatz für die Gerechtigkeit, der vom Evangelium gefordert ist, abzuziehen. Weil man mit Nachdruck darauf hinweisen mußte, daß der Einsatz für die Gerechtigkeit nicht alles sei, wagen einige sie als sekundär zu behandeln oder sie ganz und gar zu vernachlässigen. „Jedoch", so sagt gerade die 33. Generalkongregation der Jesuiten, als sie nach den Auswirkungen des 4. Dekrets fragte, „weder ein Spiritualismus, der die Menschwerdung nicht ernst nimmt, noch ein rein diesseitiger Aktivismus dienen wirklich der unverkürzten Verkündigung des Evangeliums in der heutigen Welt" (Nr. 32).

Wo ist dieses Gleichgewicht zu suchen und wie kann es sorgfältig bewahrt werden? Es muß gewiß zunächst einmal im Leben und in der Aktivität eines jeden Christen zu finden sein. Aber es muß auch im Leben eines jeden Verkündigers der frohen Botschaft, in der Einstellung seiner Arbeiten und seiner Zeit sichtbar werden. Man kann unter denen, die das Evangelium verkünden, durchaus eine gewisse Spezialisierung zulassen, aber keiner, selbst ein Bischof nicht, kann weder den Dienst am Glauben in seinen unmittelbarsten Ausdrucksformen noch den Einsatz für die Gerechtigkeit ganz auf andere abwälzen.

Auch dazu liegt eine wohlbegründete Lehre vor unter denen, die das 4. Dekret vorschlägt: es geht in der Tat nicht darum, besondere Arbeiten zu schaffen und auszubauen, die den Namen „soziales Apostolat" tragen, sondern darum, daß man die Arbeiten so gestaltet, daß der Einsatz für die Gerechtigkeit eine Dimension jeder apostolischen Arbeit wird. Und es sollte zum Beispiel keine soziale Aktion der Jesuiten mehr geben, „ohne die Verkündigung Jesu Christi und das Geheimnis der Versöhnung, die er selber erfüllt". (Anm. 16) „Der Einsatz für die Gerechtigkeit, die Vermittlung des Glaubens und die Hinführung zur persönlichen Begegnung mit Christus sind Dimensionen all unseres Apostolates", fügte das 4. Dekret hinzu. Es besteht keine Trennung zwischen „drei unterschiedlichen Arbeitsgebieten", auch keine zwischen „drei Sektoren des Apostolats"!

Das Problem ist gewiß schwierig. Es ist in der Tat klar, daß einer, der seinen Brüdern die Botschaft des Evangeliums bringen und sie auch zum Glauben einladen möchte, vom Beispielgeben sprechen muß, er muß die Nächstenliebe leben und er muß in all seinen Beziehungen zum Nächsten gerecht sein. Aber fehlt dann noch etwas? Muß er sich über die Tatsache hinaus, daß er sich selbst als rechtschaffen (gerecht) in den Situationen erweist, in die er direkt verwickelt ist, auch noch ausdrücklich um den Einsatz für die Gerechtigkeit bemühen? Und könnte man nicht sagen, daß die Aufgabe des Verkündigers des Evangeliums im wesentlichen darin bestehe, ohne sich viel um anderes zu sorgen, den Akt des Glaubens zu erwecken, das heißt den Akt des Menschen, sich ganz an Gott, der von Christus geoffenbart wurde, hinzugeben, ihn als Vater aller Menschen zu lieben und auch durch Wort und Beispiel die Haltung der Liebe, der Gerechtigkeit, der Versöhnung und des Erbarmens, die ja charakteristisch für das Evangelium ist, wachzurufen? Auf diese Weise motiviert würden die Menschen selbst beginnen, sich für die Gerechtigkeit einzusetzen. Muß sich der Verkündiger der Frohbotschaft dann auch noch darüber hinaus selbst mit Aufgaben des Einsatzes für die Gerechtigkeit befassen, die oft so zeitraubend und kompliziert sind? Läuft er nicht Gefahr, von seiner Rolle abzuweichen, oder sich so sehr von diesen Aufgaben einnehmen zu lassen, daß er nicht mehr in genügendem Maße seine eigene Aufgabe oder seine eigene Berufung erfüllen kann?

Wir unterstreichen hier nur, daß nach dem Grundgedanken des letzten Abschnitts der Verkündiger des Evangeliums „durch Wort und Beispiel" eine positive Einstellung zu Nächstenliebe und Gerechtigkeit aufbauen soll. Dies zumindest soll sich immer in der Evangelisation finden. Die christliche Predigt soll stets vollständig sein. Das 4. Dekret drückt dies folgendermaßen aus: „Die Treue zu unserem apostolischen Auftrag fordert, daß wir das christliche Heil unverkürzt verkünden, das heißt, daß wir die Menschen zur Liebe des Vaters führen und damit notwendig zu Nächstenliebe und Gerechtigkeit." (Anm. 18) Dies soll im übrigen auf eine sehr konkrete Weise geschehen, weshalb auch in dem Maße, wie es nötig ist, die Forderungen der Gerechtigkeit (und der Liebe) bewußt gemacht werden müssen: denn viele Menschen sind in dieser Hinsicht blind, ihr Horizont müßte erweitert werden.

Wir fügen hinzu, daß die Verpflichtung, das Evangelium unverkürzt vorzutragen, in Wirklichkeit schon immer schwierig war für den, der das Evangelium in Situationen schwerer Ungerechtigkeit, die er nicht ohne Verrat übersehen kann, verkündet. An seinem Platz in der Gemeinschaft, der ja öffentlich ist, kann er oft gar nicht anders, als das Übel der Ungerechtigkeit auch öffentlich anzuklagen. Das bleibt nicht ohne persönliche Folgen, aber sie werden ein sichtbares Beispiel – wie das Leben Jesu am Anfang unseres Glaubens.

Verschiedene Gnadengaben

Es bleibt noch viel Raum für Unterscheidungen und für die verschiedenen Gnadengaben. Dadurch daß wir auf die Predigttätigkeit anspielten – und jede Form der Verkündigung der evangelischen Botschaft, selbst alle Gespräche, die der Verkündiger des Evangeliums mit anderen Menschen hat, sollten da eingeschlossen sein – haben wir versucht, verständlich zu machen, daß der Einsatz, den der Prediger für die Verbreitung der Gerechtigkeit oder im Kampf gegen die Ungerechtigkeit zahlt, sich nicht einfach auf die bloß persönliche Haltung der Gerechtigkeit reduziert, die ja von jedem in den sozialen Beziehungen gefordert ist, wo er selbst lebt. Die genauere Art des Beitrags, den jeder Verkündiger oder jede Gruppe (Orden zum Beispiel) von Verkündigern zum Einsatz für die Gerechtigkeit leistet, wird folglich auch vielfältig sein.

Wichtig ist nur, daß man keine Pfeile auf andere schießt, denn die Sache ist schwierig. Es ist besser zu suchen, immer wieder zu suchen und dabei dem Realismus der Inkarnation treu zu bleiben, der sich in dieser Verbindung von Einsatz für die Gerechtigkeit und Evangelisierung oder Dienst am Glauben zeigt.

Man kann wohl sagen, daß diese Verbindungen durch das 4. Dekret ein gemeinsames Gut für die ganze Gesellschaft Jesu geworden ist. Sie ist aber ebenso ein gemeinsames Gut der ganzen Kirche geworden, was wir den beiden Bischofssynoden von 1971 und 1974 zu verdanken haben, ebenso der Ansprache Evangelii nuntiandi (1975) von Paul VI. Es ist ein gemeinsames Gut, das von Johannes Paul II. erneut bestätigt wurde, als er uns den Menschen vorstellte als einen „Weg" für die Kirche. Im nächsten Kapitel müssen wir noch zeigen, wie die Gesellschaft Jesu ihrerseits das Problem ihres konkreten Beitrags anging.

Anmerkungen

1 Dekret 4, Nr. 1
2 32. Generalkongregation, Dekret 2, Nr. 2
3 Dekret 4, Nr. 30
4 ebda., Nr. 18
5 ebda., Nr. 28
6 ebda., Nr. 27
7 Evangelii nuntiandi, Nr. 26
8 ebda., Nr. 27
9 ebda., Nr. 28
10 ebda.
11 ebda., Nr. 31
12 ebda.
13 ebda., Nr. 32 und Nr. 36
14 ebda., Nr. 38
15 siehe Kapitel IV
16 Dekret 4, Nr. 27
17 ebda., Nr. 51
18 ebda., Nr. 28

10. Kapitel

Eine Grundentscheidung der Gesellschaft Jesu

Der allgemeinen Forderung entsprechend, daß die unverkürzte Evangelisierung einen Beitrag zum Einsatz für die Gerechtigkeit leisten müsse, hat die Gesellschaft Jesu eine Grundentscheidung gemacht, die ihr eigentümlich ist. Das heißt, sie hat sich nicht damit zufriedengegeben, sich auf die allgemeine Lehre der Kirche zu beziehen, die alle Verkündiger des Evangeliums betrifft, sie hat vielmehr ihre eigenen Zielsetzungen und ihre eigene Tradition zugrunde legend eine Anwendung der Lehre der Kirche für sich selbst ausgearbeitet. Darüber sollte eigentlich nur dort gesprochen werden, wo es direkt um sie geht. Nichtsdestoweniger sprechen wir davon in diesem Kapitel, denn wir sind der Überzeugung, daß die Überlegungen der Jesuiten auch für Mitglieder anderer Orden von Interesse sein können, soweit sie ähnlich apostolische Ziele haben. Ja sogar für andere apostolische Kräfte in der Kirche, darunter auch für die Laien, könnten sie von Bedeutung sein, wenn man alle Unterschiede genügend berücksichtigt.

Die traditionellen Ziele der Gesellschaft Jesu

Die Grundentscheidung der Jesuiten konnte überraschen. Ist die Gesellschaft nicht vor allem wegen der geistlichen Führung und wegen des Apostolats unter den Intellektuellen bekannt? Was ist ein Jesuit?, fragte Paul VI., als er am 3. Dezember 1974 auf der 32. Generalkongregation sprach: „Er ist wesentlich ein Mann", sagte er, „von dem geistliche Anregungen ausgehen. Er führt die Menschen seiner Zeit zum katholischen Leben als Priester und als Apostel, der er tatsächlich ist." In der Geschichte der Kirche gilt die Gesellschaft ganz besonders als eine Schule für das geistliche Leben. Sie ist das gewiß in weitem Sinne: es ist eine Spiritualität, die den göttlichen Willen für das Leben in dieser Welt zu erkennen sucht, eine Spiritualität für das Berufsleben und ebenso für das soziale und politische Leben. Welchen Zweck hatte da das 4. Dekret, das den Akzent ganz besonders auf den Beitrag zum Einsatz für die Gerechtigkeit setzt?

Das Ziel der Gesellschaft Jesu ist vor allem in einem Dokument festgehalten, in der „formula instituti", die vom römischen Bischof approbiert wurde und auch heute noch ohne seine Zustimmung nicht verändert werden darf. Dort ist klar ausgedrückt, daß die Gesellschaft Jesu vornehmlich gegründet wurde, „zum Fortschritt der Seelen im Leben und in der christlichen Lehre und zur Verbreitung des Glaubens durch öffentliche Predigten und den Dienst am Wort Gottes, die Geistlichen Übungen und Liebeswerke, und namentlich durch Unterweisung von Kindern und einfachen Menschen im Christentum und durch das Hören der Beichten der Christgläubigen vor allem geistliche Tröstungen zu beabsichtigen" (Nr. 17).

Jedoch, man hat vielleicht nicht immer genügend Aufmerksamkeit auf das Folgende gerichtet; da heißt es nämlich: „Und um nichts weniger soll sich die Gesellschaft nützlich erweisen zur Versöhnung von Abständigen und zur frommen Unterstützung und zum Dienst für die, die sich in Kerkern und Spitälern befinden, um zur Ausführung der übrigen Liebeswerke, wie es zur Ehre Gottes und zum gemeinsamen Wohl dienlich zu sein scheint." (Anm. 1)

Der Anfang der Beschreibung für die zweite Zielsetzung (siehe oben: „Und um nichts weniger . . .") hatte nichts Zufälliges an sich, ganz im Gegenteil, der Heilige Ignatius und seine ersten Gefährten setzten sich nämlich in Aktionen und Werken dafür ein, jede Art von Not zu lindern, und das besonders in Rom. Dies war von Anfang an ein besonderer Zug ihrer Lebensweise. Der Heilige Ignatius gab, wie wir oben schon gesehen haben, den Verunglückten Unterkunft, er half den Prostituierten, aus ihrer Situation herauszukommen, er bemühte sich darum, die ungerechte Diskriminierung gegen die Juden abzubauen, er befahl seinen Gefährten, die zum Konzil von Trient geschickt wurden, auch den Armen im Krankenhaus zu dienen, . . . Es war niemals als wünschenswert angesehen, daß diese Erfahrung von der Lebensweise der Gesellschaft Jesu verschwinden würde. Im Hinblick auf die zwei großen Zitate, die oben angeführt wurden, sagten die Mitglieder der 32. Generalkongregation: „Die Beziehungen zum Ursprung bleiben für uns wesentlich." Und auf dieser Grundlage kamen sie zu dem Schluß, daß heute die Sendung der Gesellschaft „Dienst am Glauben (diakonia fidei) und Einsatz für die Gerechtigkeit" heißen müßte.

Der Einsatz für die Gerechtigkeit entspricht diesen Zielsetzungen

Einige haben sich gefragt, ob der Einsatz für die Gerechtigkeit denn wohl die zweite Zielsetzung der Gesellschaft, die wir gerade zitiert haben, gut ausdrückt. Weist der Text der Formula, die von Julius III. angenommen wurde, nicht mehr auf die Liebe hin als auf die Gerechtigkeit?

Da finden wir tatsächlich eine auffällige Nuance. − Man kann tatsächlich sagen, woran ja sowohl Papst Johannes Paul II. als auch Pater Arrupe erinnert haben, daß die Liebe stets ein weiteres Feld umfaßt als die Gerechtigkeit. Jede Forderung der Liebe, auf die die Jesuiten antworten sollen, ist nicht in gleicher Weise auch eine Forderung der Gerechtigkeit. Andererseits jedoch, sobald sie so verstanden wird, wie sie verstanden werden müßte, wenn man die oben angeführten Klarstellungen berücksichtigt, entspricht der Einsatz für die Gerechtigkeit, wie sie das 4. Dekret nahelegt, sehr wohl, so glauben wir, der zweiten Zielsetzung der Gesellschaft Jesu, die in der Formula von Julius III. steht. Der Ausdruck hat sogar den Vorteil, realistisch zu sein und als Forderung aufzutreten. Wir müssen nur seinen Sinn recht verstehen: das ist nicht eine Liebe, die als solche schon die Gerechtigkeit fordert; aber es ist eine Liebe, die darauf hinarbeitet, Gerechtigkeit zu tun, indem sie aufmerksam auf alle ihre Forderungen achtet. Wir haben darauf hingewiesen, daß die Gerechtigkeit, die verbreitet werden soll, „die vollkommene Gerechtigkeit des Evangeliums" ist, bis sogar hin, soweit es möglich ist, zur Nachahmung Gottes selbst, wodurch der ungerechte und sündige Mensch gerecht und liebenswert gemacht werden soll. Die Gerechtigkeit sollte darüber hinaus im Geiste der Seligpreisungen und im Geiste der Versöhnung verbreitet werden. Wenn sie so verstanden wird, entspricht der Einsatz für die Gerechtigkeit sehr wohl, so kann man sagen, der Absicht, die in der Formula instituti der Gesellschaft steht. Gewiß, es ist wichtig, daß sie auch tatsächlich immer so verstanden wird.

Es ist ebenso wichtig, nicht zu vergessen, daß die grundlegende Eigenschaft aller Dienste der Gesellschaft Jesu der „priesterliche" Dienst ist; der Einsatz für die Gerechtigkeit ist da auch eingeschlossen. Die Kongregation fügte gleich nach dem Zitat aus der Formula Julius III. an: „Der Auftrag der Gesellschaft Jesu heute ist ein priesterlicher Dienst am Glauben, das heißt eine apostolische Aufgabe, die darauf abzielt, den Menschen zu helfen, sich Gott zu öffnen und nach dem Anruf und den Forderungen des Evangeliums zu leben." (Anm. 2) Das Leben nach dem Evangelium ist, so wird dann erklärt, mit der Suche nach der Gerechtigkeit verbunden, aber es ist klar, daß alles, was die Gesellschaft Jesu auf diesem Gebiet unternimmt, „apostolische" Arbeit, ja besser noch, „priesterlicher" Dienst bleiben muß. Dies hat viel mit den konkreten Vorgehensweisen zu tun, von denen wir in den folgenden Kapiteln sprechen werden. Es ist jedoch vollkommen berechtigt, sofern nur diese Klärungen berücksichtigt werden, den Einsatz für die Gerechtigkeit mit der zweiten Zielsetzung der Gesellschaft in Verbindung zu bringen, die in der Formula instituti dargelegt ist.

Auch in Übereinstimmung mit den Geistlichen Übungen des Heiligen Ignatius

An zweiter Stelle kann man sagen, daß die Art und Weise, sich mit der Welt der Menschen zu befassen, die typisch ist für die Geistlichen Übungen des Heiligen Ignatius, auch zu der Grundentscheidung führte, die von der 32. Kongregation gemacht wurde. Diese hat das übrigens selbst erklärt.

Die charakteristische Vorgehensweise, zu der der Heilige Ignatius die Jesuiten geführt hat, besteht darin, daß sie „die drei göttlichen Personen" sehen und betrachten, „wie sie die ganze Oberfläche oder das ganze von Menschen erfüllte Erdenrund überschauten" und beschlossen, „daß die zweite Person Mensch werde, um das Menschengeschlecht zu retten". (Anm. 3) Sie sollten dann herauszufinden suchen, „wie sie selbst, als eine Antwort auf den Anruf des Herrn Jesus Christus, für die Wiederherstellung seines Reiches arbeiten könnten".

Die göttlichen Personen sehen die Menschen, „die einen und die anderen; . . . in so großer Verschiedenheit sowohl der Kleidung wie des Verhaltens, die einen weiß und die anderen schwarz, die einen im Frieden und die anderen im Krieg, die einen weinend und die anderen lachend, die einen gesund und die anderen krank, die einen bei der Geburt und die anderen beim Sterben usw." (GÜ Nr. 106). Die Jesuiten sollen auch heute die göttlichen Personen in ihrer Betrachtung nachahmen, sagt die 32. Generalkongregation, und sie sollen dabei „von neuem gepackt werden vom Rufe Christi, der mitten im Elend und in der Sehnsucht der Menschen stirbt und aufersteht". (Anm. 4)

Die Grundentscheidung des 4. Dekrets wird heute von dem Blick auf eine Menschheit geprägt, die zu gleicher Zeit an einer tiefen geistlichen Umwälzung, oft sogar an einer geistigen Entkräftung leidet und großes soziales Elend oder große Ungerechtigkeiten erlebt. Es finden sich darüber hinaus auch noch Beziehungen zwischen dem einen oder dem anderen Aspekt dieses Bildes von der Menschheit. Auf der einen Seite kennen viele Gott nicht und verspüren doch häufig Sehnsucht nach ihm, andere wiederum haben den Sinn für Gott verloren, bei ihnen wird eine völlige Umkehrung traditioneller Werte, die Säkularisation, sichtbar. (Anm. 5) Auf der anderen Seite leben wir in einer Welt, die „gezeichnet ist von einer wachsenden gegenseitigen Abhängigkeit und einer Spaltung durch Ungerechtig- keit", wo „der Mensch die Welt gerechter machen könnte, es aber nicht wirklich will". (Anm. 6) „Millionen von Menschen mit Namen und Gesicht" leiden nämlich „unter Armut und Hunger, unter der ungleichen und ungerechten Verteilung der Güter und des Reichtums, unter den Folgen sozialer, rassischer und politischer Diskriminierung". (Anm. 7)

Die Folgerung ist, daß wir Jesus Christus verkündigen müssen, wenn wir die Menschheit wirklich von dieser Blockierung durch den tief verwurzelten Egoismus befreien wollen. Dieser nämlich verhindert, daß die Armut und die Ungerechtig- keit, selbst wenn die Mittel dazu leicht erreichbar wären, überwunden werden. Aber in dieser Situation ist es immer auch nötig, daß der Einsatz für die vom Evangelium geforderte Gerechtigkeit mit der Verkündigung des Evangeliums zusammengeht: „Es gibt keine eigentlich christliche Förderung der Gerechtigkeit im vollen Sinn ohne die Verkündigung Jesu Christi und des Geheimnisses der Versöhnung, die er selber erfüllt. Denn tatsächlich öffnet nur Christus den Weg

118

zur ganzen und endgültigen Befreiung, nach der der Mensch im Innersten verlangt. Umgekehrt ist aber auch zu sagen, daß es keine wirkliche Verkündigung Jesu und seiner Frohbotschaft gibt ohne entschlossenen Einsatz für die Gerechtigkeit." (Anm. 8)

Die Einheit von geistlichem Bedürfnis und sozialem Elend ist andererseits so ausgedrückt: „Diese Probleme – wer spürte es nicht! – sind persönlicher und religiöser wie auch sozialer und technischer Art. Es geht letztlich um den Sinn des Menschen, um seine Zukunft und seine Bestimmung. Der Mensch lebt nicht bloß vom Brot, sondern auch von Gottes Wort." (Anm. 9)

Kurz, die Welt der Menschen in der Weise der göttlichen Personen betrachten, wie Ignatius es zu tun lehrte, führt auch heute noch dazu, sich anzubieten, den Menschen in ihrer Art, die grundsätzlich geistlich aber immer auch materiell ist, Hilfe zu bringen. Es geht also darum, den Menschen in der Gesamtheit seines Strebens zu erfassen, zu gleicher Zeit aber auch in der sehr konkreten Realität seines Schicksals: weiß, schwarz, im Frieden, im Krieg usw.; für den Jesuiten, der in diese Betrachtungsweise eingeführt wurde, ist der Einsatz für die Gerechtigkeit tatsächlich in ganz besonderer Weise wesentlicher Teil des Dienstes am Glauben, für den er sich anbietet. Er muß sich in dieser Einheit an den Menschen wenden, ohne daß dies die vorrangige Sorge für das geistliche Leben verkürzt.

Gemäß der Sendung der Jesuiten und in Beziehung zum Unglauben

Es gibt aber noch andere Gründe, die es den Jesuiten nahelegen, heute dem Einsatz für die Gerechtigkeit einen so wichtigen Platz einzuräumen. Sie sind vor allem von der besonderen Empfehlung abgeleitet, die ihnen seit dem Pontifikat Pauls VI. gemacht wird, nämlich gegen den Unglauben zu kämpfen und den Ungläubigen sowie denen, die vom Unglauben bedroht sind, Hilfe zu bringen: „Der Einsatz für die Gerechtigkeit", sagt das 4. Dekret zu diesem Problem, „ist die Voraussetzung für die Fruchtbarkeit . . . im Kampf gegen den Atheismus. Denn die herrschende Ungerechtigkeit, die unter verschiedenen Formen die Würde und Rechte des Menschen als eines Bildes Gottes und Bruders Christi leugnet, ist praktischer Atheismus, eine Leugnung Gottes." (Anm. 10) Wer gegen die eine Form der Leugnung Gottes kämpft, muß auch gegen die andere vorgehen.

In einem anderen Zusammenhang ging die Generalkongregation noch weiter. Sie stellte fest, daß auf der einen Seite viele Menschen das Evangelium ablehnen, weil sie selbst in die Ungerechtigkeiten der Welt verwickelt sind. (Anm. 11) Andererseits aber sind „das Vorherrschen der Ungerechtigkeit in der Welt" und der Skandal, der dadurch entsteht, wo doch offenbar ist, „daß das Überleben selbst der Menschheit davon abhängt, daß die Menschen sich umeinander kümmern und ihre Güter miteinander teilen", einige der „hauptsächlichsten Hindernisse für den Glauben an einen Gott der Gerechtigkeit und der Liebe". (Anm. 12) Der erste Grund verpflichtet dazu, viel Aufmerksamkeit auf die Ungerechtigkeit im praktischen Leben der Menschen zu verwenden, wenn man sie auf den Weg der Konversion führen möchte. Der zweite Grund lädt dazu ein, im Kampf für die Gerechtigkeit mitzumachen, um, soweit es uns möglich ist, den Skandal der Ungerechtigkeit zu beseitigen und klar zu zeigen, daß jeder, der sich für die Sache Gottes einsetzt, um die Gerechtigkeit besorgt ist, wenn auch noch so viel Ungerechtigkeit im Umfeld besteht.

Es gibt noch einen anderen Grund, und der hängt mit dem letzteren zusammen. Durch konkreten Einsatz für die Gerechtigkeit kann man zeigen, daß das Christentum kein Opium ist, was ja viele zu glauben geneigt sind: „Während viele entschlossen eine neue Welt aufbauen wollen, müssen wir zeigen, daß christliche Hoffnung nicht Opium ist, sondern zu einem festen und realistischen Einsatz für eine bessere Welt treibt, einer Welt, die Zeichen und Anfang der anderen Welt, der neuen Erde und des neuen Himmels, ist." (Anm. 13)

Kurz, auf all diese Weisen fordert der Aufruf zum Kampf gegen den Atheismus und zum Gespräch mit den Atheisten, das übrigens auch das Gespräch mit allen anderen Nichtgläubigen, den Agnostikern und Indifferenten umfassen soll, heute mehr als je die Gesellschaft Jesu auf, ein besonderes Gespür für die Ungerechtigkeit zu entwickeln und eine besondere Sorgfalt auf den Einsatz für die Gerechtigkeit zu verwenden. Allerdings in einem genau umschriebenen Sinne, denn ein rein sozialer Aktivismus würde, wenn er nur weltlich bliebe, zweifellos nichts von Jesus Christus und dem Gott Jesu Christi lehren, und er würde dem Ungläubigen nichts über eine mögliche Antwort offenbaren, die auf radikale Fragen über sein Schicksal zu geben wäre. Man sollte einen Jesuiten als einen Menschen sehen, der gerade von diesen radikalen Fragen getrieben wird und zu gleicher Zeit auch ein feines Gefühl für die anderen Bedürfnisse der Menschen hat. Im 4. Dekret steht deutlich: „Um das Ziel vollständig zu erreichen, muß unsere Anstrengung für die Gerechtigkeit außerdem so sein, daß in den Menschen das Verlangen nach Befreiung und ewigem Heil geweckt wird . . . Nur so wird unser Einsatz für die Gerechtigkeit Antwort geben auf die innersten Bedürfnisse des Menschen, dem Bedürfnis nicht allein nach Brot und Freiheit, sondern nach Gott selbst und seiner Freundschaft, das heißt seine Söhne zu sein." (Anm. 14)

Es ist überdies einleuchtend, daß das Gespräch mit den Ungläubigen, wenn es durch Klarheit der Positionen und durch das Verhalten in bezug auf die Ungerechtigkeit erleichtert wird, ebenfalls zu anderen Aufgaben und zu anderen Läuterungen ruft. So sagt zum Beispiel die Generalkongregation, es sei dringlich, „eine neue Sprache zu finden, eine neue Symbolik", die alles vermeidet, was falsche oder zweideutige

Vorstellungen vermittelt, wodurch man „dem Menschen seine eigenen Verant-wortungen zu nehmen" scheint. (Anm. 15)

Die Kongregation fährt fort: „Wir können uns deshalb nicht mit der Überprüfung uneres Einsatzes für die Gerechtigkeit begnügen. Wir müssen ebenso prüfen, ob wir fähig sind, die Wahrheit mitzuteilen, die diesem Einsatz erst Sinn gibt, und ob wir fähig sind, den Menschen im Geiste des Evangeliums zu helfen, im Mittelpunkt ihres Lebens Christus zu finden. Ebenso müssen wir kritisch die Anstrengungen überprüfen, die wir unternehmen, um die Christen trotz ihrer Glaubensschwierigkeiten zu stärken und den Nichtgläubigen wirklich zu begegnen." (Anm. 16)

Es handelt sich deshalb für die Gesellschaft Jesu in keiner Weise darum, ihr Ziel des Dienstes am Glauben oder ihre Tradition in der geistlichen Führung, der konkreten Führung im christlichen Leben aufzugeben, sondern heute ist es auch auf diesen Gebieten notwendig, einen deutlichen Einsatz für die Gerechtigkeit zu zeigen. Das bezieht sich ebenfalls auf das, was Paul VI. zum Beispiel im Jahre 1964 wenigstens über einige Atheisten sagte: „Wir sehen, wie sie doch häufig von edlen Gefühlen bewegt werden und sich durch die Mittelmäßigkeit und den Egoismus so vieler sozialer Gegebenheiten unserer Zeit abgestoßen fühlen. Sie kennen vieles, was in unserem Evangelium steht, zum Beispiel Lebensformen, eine Sprache der Solidarität und auch Mitleid mit den Menschen: Sollten wir nicht eines Tages fähig sein, diese Ausdrücke der moralischen Werte auf ihre in Wahrheit christlichen Quellen zurückzuführen?" (Anm. 17)

Dies sind einige Züge, die die apostolischen Ziele der Gesellschaft Jesu betreffen. Sie unterscheiden die Gesellschaft gewiß nicht radikal von anderen apostolischen Gruppierungen, aber sie verpflichten sie, einen starken Akzent auf den Einsatz für die Gerechtigkeit zu setzen, und das soll in allen ihren Aufgaben, wo immer sie Zeugnis gibt und in dem Bild, das sie von sich selbst gibt, geschehen. Ohne Zweifel hat sie diese Aufgabe bisher noch nicht genügend in die Praxis umgesetzt.

Anmerkungen

1 Es liegen zwei Ausgaben der „formula instituti" vor, die erste wurde von Paul III. im Jahre 1540 approbiert, die zweite von Julius III. im Jahre 1550. Unsere Zitate sind aus der von Julius III. approbierten Ausgabe, die auch heute noch in Kraft ist und noch heute als Charta der Gesellschaft Jesu anzusehen ist; siehe Dekret 4, Nr. 17
2 Dekret 4, Nr. 18
3 Geistliche Übungen, Nr. 102 und Nr. 106
4 Dekret 4, Nr. 14 und Nr. 19
5 ebda., Nr. 4 f. und Nr. 24 f.
6 ebda., Nr. 6 f. und Nr. 27
7 ebda., Nr. 20
8 ebda., Nr. 27
9 ebda., Nr. 21
10 ebda., Nr. 29
11 ebda., Nr. 6
12 32. Generalkongregation, Dekret 2, Nr. 7
13 Dekret 4, Nr. 30
14 ebda., Nr. 33
15 ebda., Nr. 26
16 ebda., Nr. 52
17 Ecclesiam suam, Nr. 108

IV. Teil
Einige Gesichtspunkte zum Engagement für die Gerechtigkeit

11. Kapitel

Die Einfügung und die Solidarität mit den Armen

Das 4. Dekret begnügte sich nicht mit der allgemeinen Grundentscheidung, dem Einsatz für die Gerechtigkeit im Apostolat der Gesellschaft Jesu einen wichtigen Platz einzuräumen. Es ging in einige Details und legte mehrere Bedingungen und spezielle Aspekte dieser Grundentscheidung vor. Hauptsächlich waren es die folgenden: Einfügung, Solidarität mit den Armen, Anwendung der sozialen Analyse, Teilnahme an der Umformung der Strukturen und dabei sogar auch politische Verwicklungen. All dies aber hatte viel Neues an sich, und mehr als eine Frage entstand in der Praxis. Jetzt nach 8 Jahren ist es von großem Interesse, das, was gut aufgenommen wurde, von dem, was auch jetzt noch Gegenstand von Forschung und Kontroverse ist, zu unterscheiden.

In diesem Kapitel werden wir zwei Forderungen des 4. Dekrets miteinander verbinden: den der Einfügung und den der Solidarität mit den Armen. Es ist nicht so, als ob diese beiden Ausdrücke dasselbe besagten, wir nehmen auch nicht an, daß eine vollkommene Identität besteht zwischen Armut und einer Situation, in der Unrecht geschieht. Aber die Solidarität mit den Armen geht aus eben demselben Gefühl hervor, das auch zur Einfügung drängt, nämlich aus dem Wunsch der Nähe und des Teilens.

Die Forderung nach einer tieferen Einfügung unter die Menschen

Greifen wir zunächst auf den Wortlaut zurück, mit dem das 4. Dekret selbst von der Einfügung spricht. Die wesentliche Idee ist, wie sich sofort zeigt, sehr einfach: es geht darum, daß wir die Unrechtssituationen aus der Nähe kennen lernen und uns so befähigen müssen, die Forderungen der Gerechtigkeit mittels einer wahren und direkten Empfindung zu erfassen, um sinnvoll zu einem Einsatz für die Gerechtigkeit beitragen zu können. Es ist nicht nur das, was wir sehen werden, aber ohne dies könnte alles übrige nicht genügen. Es ist notwendig, aus der Erfahrung zu wissen, und dafür schlägt die Generalkongregation mit lebendigen Worten vor, eine größere Nähe zum Leben der Menschen zu suchen, die Ungerechtigkeit erleiden, und sich in ihr Leben einzufügen. Kenntnis ist notwendig und Liebe auch. Im 4. Dekret ist die Einfügung in einer noch grundlegenderen Weise zurückgekehrt 1.) auf die Sehweise, die die göttlichen Personen selbst von den konkreten Bedingungen des menschlichen Lebens haben, so wie es die Kontemplation des Heiligen Ignatius über die Inkarnation (Menschwerdung) nahelegt, dann 2.) auf die Nähe zu den Menschen, die für die Verkündigung des Evangeliums notwendig ist: „Das Evangelium muß vernommen werden können." (Anm. 1) Und 3.) ist die Einfügung auf die missionarische Tradition der Gesellschaft Jesu zurückgeführt und auf ihre Offenheit zu den verschiedenen Kulturen. (Anm. 2)

Hatte nicht Paul VI. in seiner Ansprache vom 3. Dezember 1974 eine Lobrede auf die Jesuiten gehalten, „die im Laufe der Jahrhunderte bei den ideologischen Auseinandersetzungen und den sozialen Konflikten, wo der Einsatz für menschlichen Fortschritt und die bleibende Botschaft des Evangeliums einander gegenüber standen, zur Stelle waren?" (Anm. 3) Dieser Rückblick erweiterte tatsächlich den mehr direkten Begriff der Einfügung; ließ den wahren Kern aber bestehen.

Im Gegensatz zu dieser Forderung stellt die Kongregation fest, wie wir schon vom Beginn dieses Werkes an aufgezeigt haben, daß die Jesuiten zu oft weit entfernt sind vom konkreten Leben der Menschen. Sie sind entfernt sowohl von den Situationen des Unglaubens als auch von denen der Ungerechtigkeit, und die Einfügung ist in bezug sowohl der einen als auch der anderen Seite gefordert. „Wie viele jedoch werden durch die Verkündigung mittels unserer Werke nicht mehr erreicht?" (Anm. 4) Wieviele Menschen kennen Jesus Christus nicht und haben keine Gelegenheit, Botschafter zu finden, die ihnen etwas über Christus sagen könnten? „Zu oft sind wir isoliert, ohne wirklichen Kontakt mit den Ungläubigen und mit den alltäglichen Folgen der Ungerechtigkeit und der Unterdrückung. Wir laufen Gefahr, den Anruf des Evangeliums, der durch die Menschen unserer Zeit an uns ergeht, nicht verstehen zu können." (Anm. 5)

„Sind wir bereit", fragte die Kongregation, „mit Vernunft und von lebendigen apostolischen Gemeinschaften getragen, Zeugen des Evangeliums zu sein in schwierigen Situationen, wo der Glaube und die Hoffnung auf die Probe gestellt werden durch Unglauben und Ungerechtigkeit?" (Anm. 6) In Wahrheit wird es nicht immer um so viel gehen, sondern bisweilen nur darum, nicht mehr so wie bisher „geschützt zu sein vor dem einfachen Leben und seinen täglichen Sorgen". (Anm. 7)

Umgekehrt ist es auch nicht als genügend angesehen, die Nähe der Probleme nur für kurze Zeit zu erleben. Z. B. heißt es in bezug auf die Armen: „Wenn wir geduldig und bescheiden unseren Weg mit den Armen gehen, werden wir entdecken, wie wir ihnen helfen können. Das wird allerdings nur dann der Fall sein, wenn wir uns vorher eingestehen, daß auch wir von ihnen zu empfangen haben . . ." (Anm. 8)

Die Kongregation sieht hier auch nicht nur eine einfache „Versetzung", eine äußere Veränderung, als genügend an, denn das kann sehr äußerlich bleiben; notwendig ist „eine Veränderung der eingefahrenen Denkschemata, eine wirkliche Umkehr des Geistes, vor allem aber des Herzens". (Anm. 9) An der Stelle, wo man für die jungen Jesuiten fordert, daß sie zu einem bestimmten Zeitpunkt ihrer Formation eine ernst zu nehmende Erfahrung vom Leben unter den Armen haben sollten, drängte die Kongregation darauf, daß man Vorsorge treffen müsse, „daß die Bedingungen solcher Erfahrung wirklich echt und nicht illusorisch sind und daß sie zur inneren Bekehrung führen". (Anm. 10)

Der Autor dieses Buches war im Verlauf der 32. Generalkongregation äußerst überrascht darüber, daß so stark auf die Einfügung und auf die unbedingt notwendige Erfahrung des konkreten Lebens und der Denkweisen, vor allem der Art und Weise des Denkens und Fühlens der Menschen, insistiert wurde. Darum veröffentlichte er noch 1975 eine Studie über „Die Einfügung als wesentlicher Teil des Programms der 32. Generalkongregation". (Anm. 11) Man könnte es vielleicht ein geheimes Dekret der Kongregation nennen, da es ja in der Tat kein Dekret gab, das diesen Titel trug, wogegen Dekrete über den Einsatz für die Gerechtigkeit, über die Inkulturation und über die Armut verabschiedet wurden.

Seit 1975 wurde in der Gesellschaft Jesu über die Frage der Einfügung sehr viel gesprochen, vor allem dort, wo die Menschen unter der Armut und unter den Bedingungen tiefer Ungerechtigkeit litten. Einige Jesuiten haben in der Tat um Versetzung gebeten, um ganz unter den Armen zu leben. Wo das nicht geschah, weil es auch nicht immer möglich war, suchte man zeitlich begrenzte Erfahrungen zu begünstigen. Man benannte das häufig mit dem englischen Wort „exposure", das heißt, sich einer Lebenssituation aussetzen, die sehr verschieden ist von der gewohnten Umgebung. In den Vereinigten Staaten organisierte man systematisch die Aussendung zu den Ausbildungsstufen der „Aussetzung" (exposition). Sie waren oft sehr anspruchsvoll, keineswegs in der Art von Tourismus und sie führten in arme Gebiete der benachbarten lateinamerikanischen Länder oder in solche Gebiete der USA selbst. Aus diesem Grunde sollten sie auch mit Ausdauer fortgesetzt werden.

Die Einfügung, wie sie die Religiosen leben können, hat ohne Zweifel Grenzen, aber das ist auch gut so. Die Grenzen entstehen vor allem aus dem religiösen Stand selbst, denn sie sind ehelos, weil sie ein Leben nach den evangelischen Räten wählten. Und sie beabsichtigen in den meisten Fällen, ein Leben in brüderlicher Gemeinschaft zu führen. Das 4. Dekret stellt, wie wir gesehen haben, ausdrücklich die „Unterstützung durch lebendige apostolische Gemeinschaften" als etwas heraus, das äußerst notwendig ist für einen Jesuiten, der sich an Stellen einsetzt, die vom Unglauben oder sogar von der Ungerechtigkeit zutiefst geprägt sind. Es ist sicher, daß es auch deswegen nötig ist, sich Rechenschaft über das zu geben, was man an apostolischer Gemeinschaft außerhalb des Kreises seiner eigenen Mitbürger finden kann.

Für die Jesuiten kommt eine Schwierigkeit daher, daß sie zu einer Reihe von apostolischen Arbeiten aufgerufen sind, die die Gesellschaft, selbst unter Berücksichtigung der vom 4. Dekret neu erteilten Richtlinien, nicht verringern sollte. Vor einigen Jahren war es für längere Zeit nicht selten, daß sich selbst Jesuiten über jede Wohnung ihrer Mitbrüder erregten, die außerhalb der Wohngebiete des ärmsten Bevölkerungsteiles lag. Das alles scheint nicht ohne eine gewisse Romantik gewesen zu sein, wenn man sieht, daß einige sich in solchen Gebieten einzurichten versuchten, dann aber dort nur schliefen und den Rest des Tages mitten in der Stadt arbeiteten. – Es ist manchmal besser, von Zeit zu Zeit seine Ferien an Orten zu verbringen, wo man die Lebensweise der Armen aus nächster Nähe erfahren kann, als das Unmögliche – oder fast Unmögliche – zu versuchen, täglich dort zu sein, während man doch woanders seine Verpflichtungen hat.

Die 32. Generalkongregation legte eine ausgewogene Norm in dieser Beziehung vor: „Es wird nötig sein, daß eine größere Zahl der Unsrigen das Los der Familien mit bescheidenem Einkommen teilt, das heißt das Leben derer, die in allen Ländern die Mehrzahl bilden und oft arm und unterdrückt sind. Aufgrund der Solidarität, die uns Glieder der Gesellschaft Jesu sein läßt, und aufgrund unseres brüderlichen Austausches, müssen wir alle in der Gesellschaft Jesu durch die Mitbrüder, die unter den Ärmsten leben und arbeiten, dafür empfindsam gemacht werden, welches die Schwierigkeiten und Sehnsüchte der Besitzlosen sind." (Anm. 12)

Es liegt sicher eine Gefahr darin, so viele Nuancen zu berücksichtigen, die Gefahr nämlich, sich von einer wirklichen Verpflichtung ganz freizusprechen. Jedoch betonte mittlerweile die 33. Generalkongregation, die im Jahre 1983 stattfand, von neuem und ohne Zögern die Wichtigkeit einer „stärkeren Verflechtung mit dem Alltagsleben der Menschen, damit ‚Freude und Hoffnung, Trauer und Angst der Menschen von heute, besonders der Armen und Bedrängten aller Art, auch Freude und Hoffnung, Trauer und Angst der Jünger Christi sind' (GS, 1)" (Nr. 41). Sie fügt hinzu: „Wir müssen uns regelmäßig den neuen Lebensbedingungen und Anschauungen des modernen Menschen aussetzen. Dies wird uns schließlich nötigen, unsere gewohnte Sichtweise und unsere festgefahrenen Urteile in Frage zu stellen" (Nr. 41).

Solidarität mit den Armen

Die letzten Zitate erinnern uns daran, daß die Einfügung sich nicht nur auf die Welt der Armen oder der Ärmsten bezieht, sie zielt vielmehr auf die Welt aller Menschen. Sie sollen wir in aller Tiefe kennenlernen. Darum genüge es auch nicht, nur von der sozialen Lage Wissen zu erwerben, sondern es gehe darum, das Denken und Fühlen der Menschen zu begreifen, und auch die Art und Weise, wie sie ihren Platz in der Welt und vor Gott einnehmen. Es ist indessen eine Tatsache, daß das 4. Dekret auf die Einfügung unter die Armen ganz besonderes Gewicht gelegt hat. Die Einfügung weist so wiederholt auf die Solidarität mit den Armen hin, welches ein umfassenderer Ausdruck ist, der aber auch einen besonderen Platz im 4. Dekret einnimmt.

Die Solidarität mit den Armen ist als etwas verstanden, das nicht nur das Arbeitsleben betrifft, sondern das Leben insgesamt, sie ist also weit umfassend aber auch punktuell. Auf dem Hintergrund dieser Solidarität „werden wir auch unsere institutionellen Bindungen und die apostolischen Arbeiten überprüfen müssen", aber „sie muß das Leben aller bestimmen, im persönlichen Bereich, auf Kommunitätsebene, bis hinein in die institutionalisierten Werke". (Anm. 13) Das 4. Dekret spricht also von Einfügung in einer ganz umfassenden Weise.

Bei dem Thema der Solidarität mit den Armen stoßen wir in diesem Zusammenhang auf das Problem, daß es keine reine und einfache Identität zwischen Armut und Situation der Ungerechtigkeit geben kann, wenn die Solidarität unbestreitbar ein bedeutender Wert des Evangeliums und des Apostolats ist. Wollte man diese Identität annehmen, liefe man Gefahr, in die Nähe einer anfechtbaren marxistischen Position zu geraten.

Das 4. Dekret selbst gibt keine genaueren Erklärungen dazu. Es spricht einmal von „Solidarität mit den Armen", und das aufgrund der Option, sich für die Gerechtigkeit einzusetzen, dann von „Solidarität mit den Menschen, die ein schwieriges Leben zu führen haben und unter kollektiver Unterdrückung leiden", dann aber auch von Teilnehmen am Leben der Mehrheit, „die oft arm und unterdrückt ist". Ist es aber bei diesen Ausdrucksweisen nicht allem Anschein nach so, als ob jede Form der Armut von einer Unterdrückung herzuleiten sei? So sieht es aus, aber dagegen spricht, daß die Armut sehr verschiedene Gründe haben kann: es kann zum Beispiel Armut sein, von der Menschen betroffen sind, denen es nicht gelingt, dem Lebensrhythmus der Industriegesellschaften zu folgen, oder es kann Armut solcher Menschen sein, die an körperlichen Behinderungen leiden. Wo verursachen Unterdrückung und Ausbeutung diese Armut direkt? Es ist schon wahr, daß derjenige, welcher arm geworden ist, aufgrund dieser seiner Lebenssituation in der Folge leicht ausgebeutet werden kann. Aber wer die Armut mit der Unterdrückung gleichsetzt, wird leicht zu der gefährlichen Überzeugung kommen, den Verantwortlichen oder den Schuldigen suchen zu müssen, also zu einer Haltung, die oft in sich schon ungerecht ist.

Dennoch ist es nötig, eine Verbindung zwischen Armut und Gerechtigkeit zu schaffen, in jedem Falle eine zwischen der unmenschlichen Lebensbedingung der Armut (nicht nur Einfachheit der Mittel) einerseits und der Ungerechtigkeit andererseits. Zum mindesten sollte dies gelten: Eine Gesellschaft, die für Gerechtigkeit eintritt, sollte es nicht dulden, Menschen und Familien in der Entbehrung zu belassen, die nicht durch ihre eigene Schuld oder nur teilweise durch eigene Schuld dahin geraten sind. Dort, wo die Armut nicht durch Ungerechtigkeit verursacht ist, würde der, der Hilfe geben könnte, diese aber versagt und die Armut weiterbestehen ließe, allein damit schon eine Ungerechtigkeit begehen. In diesem Sinne und mit dieser Nuance hat Armut immer, oder doch fast immer, eine Verbindung mit Ungerechtigkeit. Und daraus folgt, daß jeder, der sich für die Gerechtigkeit einsetzen will, sich solidarisch verhalten muß mit den Armen. Wenn er es nicht tut, ist er vielleicht mehr darauf aus, einer Ideologie zu folgen, als sich tatsächlich für die Gerechtigkeit einzusetzen. Es hat in der Tat Menschen gegeben, die im Namen des Evangeliums für die Gerechtigkeit zu kämpfen vorgaben und doch einen klaren Unterschied selbst zwischen den Armen machten: Sie interessierten sich nur für die, welche ihrer Meinung nach die „Kräfte der Zukunft" (in einer Revolution) sein konnten. – Das ist sicher das Gegenteil einer wirklichen Solidarität mit den Armen.

Grundentscheidung für die Armen

Das 4. Dekret enthielt noch nicht die Ausdrücke, die bereits in den lateinamerikanischen Kirchen ganz geläufig waren, zum Beispiel „vorzugsweise Option (Grundentscheidung) für die Armen". Selbst dieser Ausdruck wurde dagegen von der 33. Generalkongregation übernommen, wo es sich, in direkter Beziehung auf die Forderung nach der Solidarität mit den Armen, im Jahre 1983 auf das 4. Dekret bezieht. (Nr. 48, optio praeferentialis)

Es war durchaus möglich, diesen Ausdruck falsch zu verstehen, da er ja schon bisweilen unmittelbar politisch aufgefaßt worden war. Und das führte auch manchmal zu Verwirrungen, sowohl unter denen, die vorgaben, die Armen zu vertreten, als auch unter den Armen selbst. Man hat auch darüber hinaus noch einige Male eine wahrhaft exclusive Ausdrucksweise benutzt. Die 33. Generalkongregation faßt das an einer Stelle so zusammen (Nr. 48): „Diese Grundentscheidung bedeutet den Willen, die Armen bevorzugt zu lieben, weil die Heilung der ganzen Menschheitsfamilie noch aussteht. Eine solche Liebe schließt – wie die Liebe Christi – niemand aus; wie auch niemand sich den Forderungen dieser

Liebe entziehen darf." (Anm. 14) In derselben Weise sprach der Papst am 2. Juli 1980 in Rio de Janeiro zu den Bischöfen von Lateinamerika: „Mit vollem Recht habt ihr eine Grundentscheidung (optio praeferentialis) für die Armen gemacht, eine Entscheidung, die aber niemand ausschließen darf." Und zu den Bischöfen von Brasilien sagte er ein paar Tage später in Fortaleza: „Die Grundentscheidung für die Armen, die in Puebla so stark betont wurde, ist keine Einladung, irgendwelche Menschen auszuschließen. . . . Ein Bischof hat die Pflicht, das ganze Evangelium allen Menschen zu verkünden, und alle sollten in der Tat ‚Arme im Geiste' sein. Es ist aber ein Aufruf zu einer besonderen Solidarität mit den Kleinen und den Schwachen, mit denen, die leiden, und mit denen, die weinen, um ihnen beizustehen, daß sie immer besser ihre eigene Würde als menschliche Person und als Kind Gottes verwirklichen können."

Am Ende muß man wohl feststellen, daß Grundentscheidung für die Armen, und vielleicht auch Solidarität mit den Armen, überhaupt nicht dieselbe Sache ausdrückt wie Einsatz für die Gerechtigkeit. Es sagt eigentlich etwas von größerer Weite, denn man muß den Armen auch da nahe sein, wo man das Unrecht, das sie erleiden, nicht auszuschalten vermag. Auf diese Weise schon kommt ihnen eine gewisse Gerechtigkeit zu, das ist aber nicht immer die Weise, an die wir ganz spontan denken: man läßt ihnen Gerechtigkeit zukommen, wenn man ihnen hilft, ihre Würde als Menschen und als Kinder Gottes zu verwirklichen und wiederzufinden, wie Johannes Paul II. in der oben zitierten Stelle sagte.

Die Verwirklichung unter den Jesuiten

Dieses dem Evangelium gemäße Vorziehen der Armen, das von der delikaten Aufmerksamkeit begleitet sein muß, andere Menschen, vor allem solche, die vielleicht auch aus anderen Gründen als die Armut leiden, nicht auszuschließen, kann natürlich nicht leicht von allen Jesuiten praktiziert werden, schon aufgrund der vielen anderen apostolischen Zielsetzungen, die die Kirche ihnen gibt. Ziemlich oft werden sie eine Grundentscheidung (optio praeferentialis) für die Armen zu leben haben, die nicht zugleich einen direkten Dienst in ihrer Nähe einschließt. Aber sie müssen wenigstens ständig darüber wachen, daß alle ihre Arbeiten die Grundentscheidung respektieren, daß sie ihr nie zuwider handeln, sie vielmehr leicht in die Tat umsetzen. Im Jahre 1976 gab P. Arrupe den Geisteswissenschaftlern der Gesellschaft Jesu ganz nachdrückliche Empfehlungen im folgenden Sinne: so weit wie möglich sollten sie bei der Wahl der Themen für ihre Forschung und für ihre intellektuelle Arbeit sich immer auch Rechenschaft darüber geben, wie weit sie dadurch zur Hilfe der Ärmsten beitragen könnten. Wenn andererseits nicht alle unter den Armen leben können („obgleich einige inspiriert sein werden, diese Teilnahme am Leben der Armen mit einem Leben intensiver intellektueller Arbeit zu verbinden, und ich werde sie dazu ermutigen"), so sollten doch alle wenigstens durch ihre Lebensweise oder ihren Lebensstil Zeugnis ablegen. „Für die legitimen Erfordernisse der intellektuellen Arbeit muß Platz gelassen werden, deswegen haben wir nicht in allem so zu leben wie die Menschen, mit denen wir arbeiten. Einige Wissenschaftler, welche Überzeugung sie auch in sich tragen, geben übrigens in dieser Hinsicht ein bemerkenswertes Beispiel, sie sind weit entfernt vom Verhalten der Besitzenden. Wenn wir Jesuiten doch den Wunsch in uns haben könnten, uns mit dem armen Christus zu identifizieren, der sich selbst mit den Besitzlosen identifiziert hat." (Anm. 15)

Trotz aller Schwierigkeiten, die an vielen Stellen, wo Jesuiten arbeiten, nicht gering sind, nehmen die Jesuiten doch fast immer die Idee der Option für die Armen positiv auf. Nicht alles, was wir gesehen haben, war von Anfang an im Sinne des Einsatzes für die Gerechtigkeit. Die Grundentscheidung für die Armen geht aber ohne Zweifel schon auf eine ältere Tradition zurück. Hier soll es genügen, die Sätze wieder in Erinnerung zu rufen, die im Namen des Heiligen Ignatius am 7. August 1547 von Polanko an die Jesuiten von Padua geschrieben wurden: „Die Armen sind in den Augen Gottes so groß, daß Jesus Christus ganz speziell für sie auf die Erde gesandt wurde . . . Die Freundschaft mit den Armen macht uns zu Freunden des ewigen Königs . . . Selig sind die Armen im Geiste, denn ihrer ist das Himmelreich (Mt 5, 3; Lk 6, 20), denn schon jetzt haben sie ein Anrecht auf das Königreich. Sie sind nicht nur König, sie lassen vielmehr auch die anderen am Königreich teilnehmen . . ." (Anm. 16)

Die 33. Generalkongregation betont, daß diese Grundentscheidung für die Armen heute von ganz besonderer Wichtigkeit sei. „Ob es direkt oder indirekt geschieht", sagt sie, „diese Option müßte im täglichen Leben eines jeden Jesuiten, in der Zielrichtung der Werke und in der Wahl der Arbeiten ihren konkreten Ausdruck finden." Sie setzt den Akzent somit ein wenig anders als die 32. Kongregation. Sie fährt jedoch fort, eine direkte Verbindung zu sehen zwischen dem Einsatz für die Gerechtigkeit einerseits und der Solidarität mit den Armen oder die Grundentscheidung für sie andererseits. Wenn diese Forderungen auch nicht identisch sind, so zieht doch die eine die andere nach. Tatsächlich muß man sagen, daß sie sich gegenseitig ziehen, denn wenn die Solidarität mit den Armen Wirklichkeit wird, ist ein Engagement vorausgesetzt, das den Armen Gerechtigkeit zukommen läßt, die ihr Los auch erleichtert.

Anmerkungen

1 Dekret 4, Nr. 21
2 ebda., Nr. 55
3 Daran ist ausdrücklich im 4. Dekret, Nr. 19 erinnert.
4 Dekret 4, Nr. 24
5 ebda., Nr. 35
6 ebda.
7 Dekret 4, Nr. 49
8 ebda., Nr. 50
9 ebda., Nr. 73
10 32. Generalkongregation, Dekret 6, Nr. 10
11 Veröffentlicht in der Sammlung „Diakonia fidei e promozione della giustizia. Conferenze sui decreti della CG XXXII (Rom, 1975). CJS, Rom. Englische Übersetzung in „The Institute of Jesuit Sources", Saint-Louis, Missouri, 1976.
12 Dekret 4, Nr. 49
13 ebda., Nr. 48
14 Die Kongregation für die Religiosen benutzte den Ausdruck „vorzugsweise Wahl (Grundentscheidung) für die Armen" in einem Dokument vom Jahre 1980 und sprach die Notwendigkeit aus, leitende Prinzipien zu suchen. Sie war davon überzeugt, daß diese „Wahl" wie auch das ganze Engagement für die Gerechtigkeit „eine Antwort gäben auf das Ziel und auf den Missionsstil, der der Kirche, und in ihr, dem religiösen Leben eigentümlich sei." (Die Religiosen und die menschliche Förderung, Nr. 4) In einer Anmerkung führte sie ein wenig weiter aus: „Das Eröffnen pastoraler Werke und das bevorzugte Eintreten (Wahl) für die Armen sind die Tendenzen, die im religiösen Leben Lateinamerikas am klarsten sichtbar werden. Es finden sich in der Tat mehr und mehr Religiose in den Randzonen und in den schwierigen Gebieten . . . Diese Wahl setzt nicht den Ausschluß irgendeiner Menschengruppe voraus, wohl aber ein Vorziehen der Armen und eine Annäherung an sie." (Anmerkung 24)
15 Vgl. Dekret 4, Nr. 48
16 Übers. Dumeige, Sammlung: Christus, Desclee de Brouwer, Paris, 1959, S. 143 f.

12. Kapitel

Soziale Analyse, Strukturen, politische Implikationen

Wenn wir uns jetzt der Diskussion über die soziale Analyse, über das Handeln für die Wandlung der Strukturen und über die politischen Implikationen des Einsatzes für die Gerechtigkeit zuwenden, kommen wir zu äußerst kontroversen Ansichten über das Programm, das vom 4. Dekret aufgezeichnet worden ist. Jedoch gerade über alle diese Fragen fanden umfangreiche Debatten statt, darum sollte es möglich sein, das aufzuzeigen, was zu diesem Zeitpunkt als sicher gilt.

Die soziale Analyse

Wenn die Einfügung auch ein wichtiger Faktor im persönlichen und erfahrungs-mäßigen Wissen ist, so hat das 4. Dekret sie doch nicht empfohlen, ohne zugleich auch nahezulegen, daß Studium und Reflexion ebenso notwendig seien. Das 4. Dekret betont sogar die Wichtigkeit der Studien sehr stark (anfangs wurde es allerdings in dieser Hinsicht nicht immer gehört): „Sind wir bereit", so fragt es, „ein hartes und gründliches Studium auf uns zu nehmen? Studien, die immer häufiger notwendig sind, um die gegenwärtigen Probleme zu verstehen und zu lösen: In der Theologie, in der Philosophie und in den Humanwissenschaften?" (Anm. 1)
In einem anderen Zusammenhang erscheint der Begriff „Analyse", genauer „soziale Analyse", er steht neben Begriffen, die wir in verschiedenen Wissenschaf-ten als spezielle Ausdrücke finden, solche aus der Theologie bis hin zu solchen aus den Humanwissenschaften. Die Analyse ist eine mehr direkte Vorgehensweise der Realität gegenüber, die bereits vorhandene wissenschaftliche Erkenntnis kommt hier natürlich auch ins Spiel, sie wird aber auf die konkrete Situation angewandt.
Die Stelle des 4. Dekrets, die in dieser Beziehung die wichtigste ist, heißt: „Auf keinen Fall sind wir der Pflicht enthoben, möglichst sorgfältige Analysen der sozialen und politischen Situation zu erstellen. Dazu müssen wir die theologischen und profanen Wissenschaften mit ihren spekulativen und praktischen Disziplinen heranziehen. Das erfordert vertiefte spezielle Studien." (Anm. 2) Es handelt sich hier ganz offensichtlich darum, zur Wachsamkeit aufzurufen gegenüber den bloß einfachen Eindrücken und spontanen Reaktionen, die nur Früchte des Gefühls sind, das der Ungerechtigkeit ohne Vorbereitung begegnet.

Wir fügen gleich hinzu, daß das 4. Dekret niemals verlauten läßt, die Jesuiten könnten sich auf die soziale Analyse allein beschränken, welcher Art sie auch immer sei. Sie können sich weder nur auf die Analyse noch auf die Wissenschaften allein verlassen. „Nichts", so heißt es im 4. Dekret, „könnte davon freisprechen, daß ernsthafte Überlegungen für einen pastoralen und apostolischen Einsatz angestellt werden." (Anm. 3) Das Vorgehen der Jesuiten kann schließlich nur ein religiöses Vorgehen sein, das den Dienst am Glauben zum Ziele hat oder das den Menschen zu helfen sucht unter dem Gesichtspunkt des Lebens oder der christlichen Lehre. Dabei soll immer noch allem Rechnung getragen werden, was man von einer sozialen Analyse lernen kann.

Trotzdem sind einige geneigt, die Dinge zu vereinfachen, und sie argumentieren etwa wie folgt: Die apostolische Aufgabe fordert von uns einen Einsatz für die Gerechtigkeit, eine Teilnahme am Kampf gegen das Unrecht; wenn dieser Auftrag einmal vorliegt, ist nichts weiter nötig als die Gründe für das gegenwärtige Unrecht zu suchen; diese werden von einer unabhängigen (wenn möglich wissenschaftlichen) sozialen Analyse offengelegt, und dabei besteht die Hoffnung, daß in ähnlicher Weise die möglichen Maßnahmen zur Verbesserung auch als ein Ergebnis aus dieser Analyse hervorgehen. Auf diesem Wege ist man schnell bei der sozialen Analyse der Marxisten; sie fällt in der Tat durch ihre große Einfachheit auf, da sie alle bestehenden Ungerechtigkeiten auf eine einzige Ursache zurückführt; und sie bietet dann mit dem Hinweis auf die Ursache auch das Heilmittel an, was nicht weniger nur eines ist. Dabei bietet sie sich als „wissenschaftlich" an, benutzt dieses Adjektiv dann aber in einer Weise, die bei den eigentlichen Wissenschaftlern nicht üblich ist.

Unabhängig davon, daß der Marxismus selbst Probleme hatte, erwartete man viel zu viel von der sozialen Analyse. Man versprach sich viel von ihr, weil man bisweilen annahm, sie könne wertfrei durchgeführt werden, wie eine Art einfacher Aufspaltung im Laboratorium. Tatsache ist aber, daß in der sozialen Analyse alles, vom Anfang bis zum Ende, unter dem Einfluß des Wertesystems geschieht, dem man anhängt. Schon die Ausrichtung des Interesses dessen, der die Analyse durchführt, die Gebiete, die er untersucht, und auch die Fragen, die er stellt, hängen alle von seinen Werten und von Wertkriterien ab. In christlicher Sicht würden zum Beispiel Werte wie die menschliche Würde, die Möglichkeit des Menschen, in verantwortlicher Weise zu handeln, die Möglichkeit, am Leben der Gemeinschaft, in der er lebt, teilzuhaben usw. sehr viel zählen neben der Zufriedenheit auf der Ebene mehr materieller Güter. Diese ist dagegen fast der einzige bestimmende Wert in einer Reihe von verschiedenen Indikatoren.

Vom christlichen Standpunkt aus werden wir bei der Suche nach den Ursachen für die der Menschlichkeit widersprechenden Situationen Wert darauf legen, so weit vorzudringen, daß die Mängel in der menschlichen Freiheit selbst ausgebessert werden; wir geben uns nicht einfach damit zufrieden, anonyme Mechanismen aufzuzeigen. Bei der Suche nach den Heilmitteln werden wir mehr Vertrauen haben auf die Überzeugungskraft als auf Zwang, obgleich diese auch nicht völlig ausgeschlossen ist; und es ist auch niemals die Möglichkeit auszuschließen, daß der Mensch sich im Herzen bekehrt und von dorther sein Verhalten ändert. Eine gewisse Relativität aller politischen Beurteilungen wird übrigens auch zugelassen, selbst wenn sie von wissenschaftlichen Schlußfolgerungen unterstützt sind: anstatt schlicht und einfach irgendeine Überzeugung, was sie auch immer sei, anwenden zu wollen, ist der Christ darum eher geneigt, die Begegnung und das gegenseitige Verständnis ständig zu erleichtern, und er ist gewillt, jede Form einer neuen Verständigung zu unterschreiben; sie ist vielleicht unvollständig, aber sie ist wertvoller als alles, was durch Anwendung von Gewalt erreicht werden könnte. Kurz, es ist klar, daß eine ganze Denkweise über die Menschheit und über die menschliche Gesellschaft ans Werk gesetzt wird, wenn eine soziale Analyse zur Durchführung kommt.

Die Anwendung der marxistischen sozialen Analyse

In Beziehung auf den Marxismus ist zu sagen, daß Pater Arrupe sich genötigt sah einmal klarzustellen, daß nicht jedes Instrument, das in der sozialen Analyse verwendet werden kann, mit der christlichen Lehre vereinbar ist. Schon auf der Prokuratorenkongregation vom Jahre 1978 äußerte er sich folgendermaßen: „Wir wollen uns nicht vor dem verschließen, was möglicherweise gut ist am Marxismus, und wir wollen auch nicht die Möglichkeit eines Dialogs noch einer gewissen kritischen Zusammenarbeit mit Gruppen und Bewegungen, die vom Marxismus inspiriert sind, ausschließen. Aber es ist offenbar, daß das Engagement, das gewisse Jesuiten mit den Marxisten als solchen entwickeln, und daß ebenso ihre öffentlichen Erklärungen zugunsten dieser Ideologie nicht annehmbar sind. Denn sie skandalisieren viele und führen sie in die Irre, ganz zu schweigen von denen, die von marxistischen Regimen unterdrückt und verfolgt werden." (Anm. 4)
Pater Arrupe gab dann eine längere Erklärung dazu in einem Brief, den er 1980 an die Provinziäle von Lateinamerika schrieb. Es handelte sich vor allem darum, denen eine Antwort zu geben, die sich fragten, ob man im Marxismus keinen Unterschied machen könne zwischen der sozialen Analyse und der Philosophie (sowie der antireligiösen Ideologie) des Marxismus, wobei man dann die erstere anwenden könnte und sich gegen die letztere schützen müßte. Nun aber schließt, wie leicht zu erwarten ist, wenn man weiß, daß die soziale Analyse vom Standpunkt der Werte niemals neutral ist, das, was gewöhnlich als marxistische

soziale Analyse auftritt, eine Anzahl für die Ideologie charakteristische Voraussetzungen ein, die den christlichen Überzeugungen widersprechen.

Pater Arrupe sagte darum: „Aufgrund unserer eigenen Analyse der Gesellschaft scheint mir, daß wir eine Anzahl methodologischer Gesichtspunkte annehmen können, die mehr oder weniger von der marxistischen Analyse ausgegangen sind, wenn wir nur darauf achten, daß wir ihnen keinen exklusiven Charakter geben: zum Beispiel die Aufmerksamkeit auf ökonomische Faktoren, auf die Strukturen des Eigentums, auf die Wirtschaftsinteressen, die diese oder jene Gruppen in Bewegung setzen können; das Gefühl für die Ausbeutung, der ganze Klassen zum Opfer fallen; die Aufmerksamkeit darauf, welchen Platz die Klassenkämpfe in der Geschichte einnehmen (oder wenigstens in der vieler Gesellschaften); die Aufmerksamkeit auf die Ideologien, die ja als Verschleierung von Interessen, ja sogar von Ungerechtigkeiten dienen können. Jedoch in der Praxis kommt es selten vor, daß die Annahme der ‚marxistischen Analyse' einfach nur die Annahme einer Methode oder eines ‚Approach' ist; gewöhnlich heißt das doch, selbst den Inhalt der Erklärungen anzunehmen, die Marx von der sozialen Realität seiner Zeit gegeben hat . . ."

Pater Arrupe erwähnt als Elemente, die ganz und gar nicht annehmbar seien: den historischen Materialismus mit seiner reduktivistischen Tendenz (besonders in bezug auf den Glauben); die verallgemeinernde Aussage, daß alle Sozialgeschichte vom Klassenkampf her zu interpretieren sei; vor allem aber die Idee des Klassenkampfes als Strategie, ein Kampf, tatsächlich äußerst paradox, der kurz gesagt als das „privilegierte Mittel" verstanden wird, „das alle Kämpfe beenden soll". Er fühlte sich veranlaßt, daraus zu schließen: „Die marxistische Analyse, wie sie gegenwärtig verstanden wird, schließt in der Tat eine Auffassung von der menschlichen Geschichte ein, die nicht mit dem christlichen Verständnis vom Menschen und von der Gesellschaft übereinstimmt und die zu Strategien führt, die die christlichen Werte und christliches Verhalten bedrohen . . . Deshalb sind nicht nur einige Elemente zu verwerfen, sondern die gesamte marxistische Analyse kann für uns nicht in Frage stehen."

Selbst wenn wir also von dem atheistischen Gehalt der Philosophie absehen, die marxistische soziale Analyse vermittelt Voraussetzungen und Überzeugungen, die sich zu einem der christlichen Auffassung sehr fernen Verständnis vom Menschen verdichten.

Im Marxismus ist für das Verständnis eines Christen der Rückgriff auf das System zu häufig, auf Strukturen jenseits der Freiheit und auf Widerstand oder Widerspruch, wodurch die Anerkennung der bestehenden Freiheit Schaden erleidet. Kurz, es gibt dort nur wenig Vertrauen auf den Menschen, und das in einem Denksystem, das das Vertrauen wieder herzustellen vorgibt; andererseits treffen wir hier aber ein übertriebenes Vertrauen auf Mechanismen an, das das

Risiko der Freiheit als einer menschlichen Möglichkeit vergißt: selbst am Tag nach der Revolution kann der Mensch schon wieder Böses tun, er kann sich Herrschaften aufbauen, der Korruption verfallen usw.

Pater Arrupe legte natürlich Wert darauf, richtig verstanden zu werden: Er bekräftigte deshalb, man müsse sich ebenso entschieden „den Tendenzen widersetzen, daß einer aufgrund seiner Reserve gegen die marxistische Analyse das Engagement für die Gerechtigkeit und für die Armen, die Verteidigung ihrer Rechte durch die Ausgebeuteten selbst und die rechtmäßigen Forderungen als marxistisch oder kommunistisch verurteilt oder geringschätzt". „Haben wir nicht oft beobachtet", sagte er, „daß bestimmte Formen des Antikommunismus nichts anderes waren als Mittel, die Ungerechtigkeit zu verdecken?"

Es gibt jedoch auch andere soziale Analysen als die des Marxismus, die „heimlich unterschobene" Voraussetzungen in sich bergen und die darum die kritische Aufmerksamkeit der Christen, somit auch der Jesuiten, fordern. „Die Analysen, die man gewöhnlich in der freien Welt vornimmt", bemerkte Pater Arrupe, „schließen ein individualistisches und materialistisches Weltbild ein, das seinerseits auch auf die christlichen Werte und Haltungen destruktiv wirkt." Und er gab den Rat: „Achtet auf den Inhalt der Lehrbücher, die auf unseren Kollegien benutzt werden. "

Teilnahme an der Veränderung der Strukturen

Der Brief über die marxistische soziale Analyse ist für die Durchführung und Interpretation des 4. Dekrets eine wichtige Etappe gewesen. Er berührte indirekt übrigens noch ein anderes schwieriges Problem, nämlich das, wie Religiose und Priester, ganz konkret die Jesuiten, zur Veränderung der Strukturen beitragen können und sollen. Das ist ein ziemlich schwieriges Problem, denn man ist noch weit davon entfernt, nicht nur unter den Jesuiten, sondern auch darüber hinaus, wirklich zu wissen, was das für Strukturen sind, von denen man spricht. Gewiß sind Institutionen damit gemeint. Aber auch weitere Zusammenhänge sind eingeschlossen, wie zum Beispiel Handlungsweisen und Denkweisen, die Denkstrukturen. In gleicher Weise ist eine öffentliche Meinung hier anzufügen, eine Atmosphäre, die sich gebildet und gefestigt hat und von der man sich nur sehr schwer trennen kann . . . Und dann kommt die Frage, die nicht weniger komplex ist, welche Mittel man anwenden kann, um auf die Strukturen einzuwirken oder ihnen eine andere Gestalt zu geben.

Wenn über Strukturen gesprochen wird, denkt man im allgemeinen an Vorbedingungen verschiedenster Art, die aber so beschaffen sind, daß ohne eine Veränderung an ihnen, Menschen, sowohl einzeln als auch zu vielen, trotz guten

Willens nicht fähig sind, eine verderbte Situation wieder in den unversehrten Zustand zurückzuführen. Es lassen sich umgekehrt aber auch soziale Strukturen mit günstigem Einfluß zeigen. Im 4. Dekret wird an Realitäten und Kräfte gedacht, die die Kraft der Menschen übersteigen, die überhaupt alles übersteigen, die „die Welt und den Menschen in seinen Gedanken und Empfindungen, bis hinein in seine innersten Wünsche und Vorstellungen prägen". (Anm. 5) Es handelt sich da um Realitäten, die irgendwie undurchsichtig sind, aber drohend über dem Menschen hängen. Es wird zu Recht darauf hingewiesen, daß man sie heute besser kennt als früher, daß man wenigstens dabei ist, ihre „Mechanismen und Gesetze" (Anm. 6) zu entdecken. Aufgrund dieses Wissens ergibt sich eine Möglichkeit, die früher nicht in dem Maße bestand, auf sie einzuwirken. Und da diese Möglichkeit nun einmal vorhanden ist, „ist Dienst am Evangelium auch Veränderung der Strukturen". (Anm. 7) Unser Text spricht von „sozialen, ökonomischen und politischen Strukturen".

Der Einsatz für die Wandlung der Strukturen bietet sich vor allem an unter den Kriterien, die für die Auswahl der Arbeiten in der Gesellschaft Jesu am sichersten sind: „Zur größeren Ehre Gottes und zum Heil der Menschen wollte Ignatius, daß seine Gefährten dorthin gehen sollten, wo das umfassendste Gut zu erhoffen ist und wo sich die verlassensten Menschen in der größten Not befinden. Wo gibt es heute die größte Not? Wo besteht die Hoffnung auf das umfassendere Gut?" fragt die Kongregation im 4. Dekret. (Nr. 39) Die Antwort kommt auf die sozialen Strukturen zurück und auf die Bemühung, sie „mit dem Ziel, die Menschen spirituell und materiell zu befreien", umzuformen. (Nr. 40) Es ist gewiß nicht gesagt, daß die Bemühung um die Umwandlung der Strukturen zugleich auch der Dienst sei, den die Gesellschaft ihrer Berufung gemäß für ein universaleres Gut zu leisten habe, aber es ist gesagt, daß „die Veränderung der Strukturen . . . für uns eng verknüpft ist mit dem Werk der Evangelisation". (Nr. 40) Das 4. Dekret kommt dann zu der Schlußfolgerung: „Diese Sicht macht es uns möglich im Hinblick auf die Verkündigung des Evangeliums, die Sorge um das umfassendste Gut und den Willen, der dringendsten Not zu helfen, miteinander zu vereinen. Das Evangelium wird eher aufgenommen, wenn es von einem wirksamen Einsatz für die Gerechtigkeit und für die Vorausnahme des kommenden Gottesreiches begleitet ist." (Nr. 41)

Es ist hier ohne Zweifel ein Problem, daß es verschiedene Wege gibt, auf die Strukturen einzuwirken, wenn man den Typ der jeweiligen Struktur bedenkt. Nicht alle Vorgehensarten sind der Berufung eines Religiosen oder eines Priesters in gleicher Weise angemessen. Darüber hinaus steht ganz allgemein fest, daß selbst die Strukturen der Institutionen nicht immer auf einen Schlag verändert werden, die Umformung geschieht in nicht wenigen Fällen auch durch eine langsame Vermehrung von Initiativen.

Genauso ist auch nicht alle strukturelle Wandlung das Ergebnis einer direkten politischen Handlung. Es gibt Beispiele, in denen die Strukturen dadurch wirksam verändert wurden, daß man den Armen half, neue Produktionskooperative zu schaffen oder auch ihre Umgebung und ihre Wohnungen besser zu organisieren. Es geschah auch dort, wo den Armen Hilfe gegeben wurde, eine Gemeinschaft zu bilden und ihr Geschick selbst in die Hand zu nehmen. Das sind einige Richtlinien, wo Religiose und Priester sehr wirksam handeln können.

Eine weitere Möglichkeit, an der Umformung von Institutionen zu arbeiten, ist der Einsatz für die Bildung einer öffentlichen Meinung zu dem Thema. Man muß sich allerdings bewußt halten, daß die öffentliche Meinung selbst eine veränderliche Struktur besitzt. Mitarbeit an der Formung einer öffentlichen Meinung ist gewöhnlich eine Tätigkeit, die der Sendung einer apostolischen Gruppe wie der Gesellschaft Jesu durchaus entspricht, vorausgesetzt, daß zunächst die Werte klargestellt sind, in deren Namen die Reformen vorangetrieben werden. Die konkreten Vorgehensweisen gehören vor allem in die Zuständigkeit von Laien und politischen Kräften, weniger in die Arbeit von Priestern und Religiosen.

Auf der anderen Seite konnte tatsächlich der Gedanke auftauchen, daß ein großer Unterschied bestünde zwischen Strukturwandel und dem Apostolat der Erziehung. Aber die Erziehung kann, ganz im Gegenteil, ein kraftvoller Hebel sein für die Umformung der geistigen Einstellung, ja sogar einer ganzen Atmosphäre und gewisser Strukturen, die in jedem Falle jedoch geistiger Art sind. Vorbedingung ist allerdings, daß diese Erziehung ganz energisch auf den Einsatz für die Gerechtigkeit ausgerichtet ist. Gerade das ist etwas, das Pater Arrupe zum Beispiel immer wieder forderte. Als er im Jahre 1980 über die Kollegien sprach, trat er dafür ein, daß Menschen herangebildet würden, neue Menschen, die den Geist des Dienstes im Sinne des Evangeliums in sich trügen, und er setzte hinzu: „Was sind die pädagogischen Auswirkungen, wenn wir die Schaffung neuer Menschen, Menschen des Dienstes, zum Ziel unserer Erziehung machen wollen?" Dies zum Beispiel gab er zur Antwort: „Dieser Wunsch nach einem christlichen Zeugnis und nach dem Dienst am Menschen entwickelt sich kaum durch Nachahmung auf intellektuellem Gebiet, auch nicht dadurch, daß der persönlichen Entwicklung gegenüber anderen Priorität eingeräumt wird, er entwickelt sich im Gegenteil durch eine Lehrzeit in der Verfügbarkeit und in der Dienstbereitschaft." Darum müssen wir Menschen formen, „die in jedem Menschen einen Bruder sehen". (Anm. 8)

Was immer man über das 4. Dekret gesagt haben mag, es stand aber kein wirklicher Zweifel am Apostolat der Erziehung darin. Das Dekret sprach davon, daß das Apostolat der Erziehung zu „intensivieren" sei, es müsse gewiß tiefgehend erneuert werden und das auf „jedem Gebiet der Erziehung". Man war überzeugt, auf diese Weise beizutragen, „Multiplikatoren heranzubilden, die selbst an der Erziehung der Welt mitwirken könnten". (Anm. 9)

In bezug auf die Veränderung der kollektiven geistigen Strukturen dachte das 4. Dekret endlich an die Arbeit, die durch die Kommunikationsmittel geleistet werden kann. Sie sei geeignet, heißt es dort, „das soziale Klima, das Denken und Verhalten der Menschen dort, wo wir arbeiten, zu verändern und menschlicher zu machen". (Anm. 10)

Die Aktion immer auf den Strukturwandel ausrichten

In der Bemühung um den Strukturwandel, ob es sich nun um Institutionen handelt oder um kollektive Geistesverfassungen, sind die Jesuiten grundsätzlich und vor allem aufgerufen, die Bemühung immer mit der mehr direkten Arbeit am Menschen abzustimmen, um auf diese Weise an der Umkehr des Herzens und zum Erkennen des Willens Gottes beizutragen. Das 4. Dekret empfiehlt darum in keiner Weise ein blindes oder ausschließliches Vertrauen auf die Bemühungen um die Strukturveränderung als Mittel des Apostolats. Es sagt vielmehr: „Der Dienst am Evangelium ist auch Veränderung der Strukturen." (Nr. 31) „Gleichzeitig genügt es jedoch heute so wenig wie gestern, allein auf der Ebene der Gesellschaft oder der Strukturen für die Gerechtigkeit und Befreiung des Menschen zu arbeiten, . . ." Die Ungerechtigkeit muß von uns an der Wurzel gepackt werden, im Herzen der Menschen: „Wir müssen deshalb daran arbeiten, die Mentalitäten und Tendenzen, die Ungerechtigkeit hervorbringen und Strukturen der Unterdrückung aufrechterhalten, zu verändern." (Anm. 11) Diese Arbeit berührt ebenso die Vorgehensweise, die sich sehr persönlich um die Menschen bemüht, als auch die Mittel (Erziehung, Medien), von denen wir vorher sprachen, die das soziale Klima, die Atmosphäre, die öffentliche Meinung und die geistigen Strukturen beeinflussen helfen.

Das 4. Dekret insistiert ein wenig später von neuem: Der Einsatz für die Veränderung der Strukturen „kann uns niemals davon dispensieren, im Dienste der Menschen selbst zu arbeiten, seien es jene, die Opfer der Ungerechtigkeit oder der Strukturen sind, seien es jene, die Verantwortung dafür tragen oder Einfluß ausüben". (Anm. 12)

Wie können wir unsere Bemühungen zu gleicher Zeit in diese beiden Richtungen gehen lassen? – Das ist niemals einfach. Aber es ist für die Jesuiten eine ebenso unumgängliche Verpflichtung wie die Forderung, sich zu gleicher Zeit einmal für den Dienst am Glauben und zum anderen für vermehrte Gerechtigkeit einzusetzen. Dabei muß er sich bewußt bleiben, daß der Einsatz für die Gerechtigkeit, wenn er wirklich aus dem Dienst am Glauben hervorgeht, niemals mehr ist als nur ein Teil davon. Das ist eine Verpflichtung, die einer anderen ähnlich ist, welche den Jesuiten von Anfang an aufgetragen war, nämlich die

Aufgabe, nach Möglichkeit solche Menschen zur Bekehrung zu führen, die große Verantwortung zu tragen haben und darum weitgehend Einfluß ausüben können, es aber dennoch niemals zu unterlassen, zu gleicher Zeit auch einfache Menschen und Kinder in der Lehre Christi zu unterrichten. Immer von einer Maxime wie dieser inspiriert zu sein, das war die Stärke des Heiligen Ignatius, wo er in seiner Weise das Paradox des Christentums niederschrieb: „Niemals eingeschränkt sein, denn es gibt immer noch Größeres, und doch zufrieden sein mit dem, was das Kleinere ist, das ist göttlich."

Die politischen Implikationen

Was die Tradition der Gesellschaft Jesu bis 1974 über das politische Engagement zu sagen hatte, stand in der folgenden Zusammenfassung von Entscheidungen der früheren Generalkongregationen: „Die Jesuiten müssen sich von der Teilnahme an der Behandlung politischer Angelegenheit fernhalten. Sie müssen sich sogar so weit wie möglich davor hüten, daß man sie, auch wenn es nur zu Unrecht geschieht, der Einmischung in die Politik verdächtigen kann. Dies Verbot bezieht sich aber nicht auf das, was mit der Absicht geschieht, die Prinzipien des Christentums das öffentliche Leben durchdringen zu lassen, vorausgesetzt allerdings, daß die Mittel unserem Institut entsprechen."
Die 32. Generalkongregation gab den Ursprung dieser Tradition nicht genauer an. Sie nahm jedoch diesen Gedanken wieder auf, allerdings mit einem etwas anderen Ton. Sie hatte zunächst die Tatsache herauszustellen, daß die Grundentscheidung zugunsten des Einsatzes für die Gerechtigkeit, der ja in der Gesellschaft ein wesentlicher Teil des Dienstes am Glauben ist, nicht ohne Einfluß auf die politische Ebene bleiben kann. „Ein ernster Wille zum Einsatz für die Gerechtigkeit", erklärte sie, „kommt nicht aus ohne bestimmte Anstrengungen auf sozialer und gesellschaftlicher Ebene." (Anm. 13) ‚Geellschaftlich' hat hier die Bedeutung von ‚politisch', daran werden sich die erinnern, die an dieser Kongregation teilgenommen haben.
Andere Sätze unterstrichen die Notwendigkeit, neue Formen der Aktion zu beginnen. Nachdem darum das 4. Dekret von der sozialen Analyse und der „pastoralen und sozialen Betrachtung" der Situationen gesprochen hat, fährt es fort: „Daraus resultieren Unternehmungen, bei denen die Erfahrung selber zeigen wird, wie sie weiter vorangetrieben werden müssen." (Anm. 14) Und es fügte hinzu: „Der Obere muß dafür sorgen, daß die Kommunität bestimmte spezielle Apostolatsaufgaben, die im Gehorsam von einzelnen übernommen wurden, nicht bloß duldet, sondern daß sich alle dafür verantwortlich fühlen." (Anm. 15) Das gilt, selbst wenn die Kommunität darunter leiden sollte. Es ist eine Einladung zu mehr Mut als man auf den ersten Blick zugeben würde.

Das hat die Kongregation gesagt, aber sie unterließ es dann auch nicht, ganz der Tradition entsprechend auszudrücken, daß politische Mandate oder parteipolitische Aktivitäten generell verboten bleiben sollten. „Im Fall eines Einsatzes mit Ausnahmecharakter", so erklärte sie, „befolge man die allgemeine Praxis der Kirche (vergleiche Bischofssynode von 1971) und die von Pater General erlassenen Normen." (Nr. 80) Pater General hat sich in der Tat ausdrücklich das Recht vorbehalten, selbst die Erlaubnis für ein politisches Mandat bei Wahlen zu geben. (Anm. 16)

Wo die Kongregation über die Verantwortung spricht, die „auf dem sozialen Gebiet" für die Solidarität mit den Menschen ohne Stimme und mit denen ohne Macht zu übernehmen sei, sagt sie kurz: unsere ‚Verantwortungen'. (Anm. 17) Und ein wenig später, wo über die Teilnahme an den Bemühungen für vermehrte Gerechtigkeit gesprochen wird, ist angedeutet, daß die Jesuiten es „in gezieltem Einsatz und, ohne andere Zuständigkeiten zu beeinträchtigen" tun sollten. (Anm. 18) Kardinal Villot, der im Namen Paul VI. am 2. Mai 1975 einen Brief schrieb, sprach in keiner Weise gegen diesen Entschluß der Kongregation, aber er präzisierte und erklärte ihn ohne Zweifel, da er auf die Notwendigkeit hinwies nicht zu vergessen, „daß es die Aufgabe des Priesters ist, die katholischen Laien anzuregen, denen ja bei der Förderung der Gerechtigkeit die Hauptarbeit zufällt". „Man darf", so fügte er hinzu, „die den einzelnen jeweils eigenen Aufgaben nicht verwechseln."

Auf dem Gebiete des politischen Engagements gab es, zugegebenermaßen, in der Praxis gewisse Probleme innerhalb der Gesellschaft Jesu. Darum wurden bei einigen Gelegenheiten auch schon Klarstellungen angebracht. So kam Pater Arrupe bei der Prokuratorenkonferenz des Jahres 1978 auch auf dieses Thema. Er selbst konnte nicht umhin, einige Ergebnisse, die der Einsatz für die Gerechtigkeit und die Solidarität mit den Armen bei einer Reihe von Jesuiten hervorbrachten, mit den Worten „politisches Engagement" zu bezeichnen. „Der Kampf für die Gerechtigkeit und die Solidarität mit den Armen ist", so sagte er, „bis zu einem gewissen Grade unvermeidlich mit einem politischen Engagement verbunden." Aber er sagte dann auch: wenn man nicht auf die Gesamtheit der Prinzipien achtet, die die apostolische Sendung der Jesuiten bestimmt, oder auf die Orientierungen, die im 4. Dekret enthalten sind, „kommen Abweichungen leicht vor, und in der Tat es waren auch schon einige da". Er fuhr fort, es sei schon notwendig gewesen, im Einvernehmen mit den Provinziälen verschiedener Länder, „einige konkrete Fälle zu klären, wo Aktivitäten in politischen Parteien oder die Annahme von Aufgaben und Verantwortung in ideologischen und politischen Bewegungen vorlagen", die, so sagte er, „unvereinbar sind mit unserer Sendung", was auch immer die Richtung dieser Bewegungen sei.

Die neuen Oberhirten der Kirche, sowohl Johannes Paul I. in seinem kurzen Pontifikat als auch Johannes Paul II., haben nachdrücklich darauf hingewiesen, daß die Situation und die Sendung von Pristern oder Religiosen auf dem Gebiete der Politik etwas ganz Besonderes sei. Pater Paolo Dezza, der päpstliche Delegierte, legte die Dinge im Namen Johannes Paul II. noch offener dar. Er erklärte, wie wir vorher schon sahen, bis in Einzelheiten, daß Ermutigen, Unterrichten und Anleiten die dem Priester eigenen Aufgaben seien (Anm. 19), und er fuhr dem gegenüber in sehr präziser Form fort: „Den Jesuiten ist die Teilnahme an politischen Parteien und direkt politischen Funktionen verboten, außer in den ganz wenigen Fällen, wo eine Erlaubnis vom Bischof und vom Pater General vorliegt." In dieser Zeit hatte Pater Robert Drinan auf den Wunsch des Papstes hin seine Kandidatur für die Wiederwahl in das Repräsentantenhaus des Kongresses der USA zurückgezogen. Auch andere Jesuiten wurden aufgefordert, politische Funktionen, die sie ausübten, aufzugeben, oder aus den Parteien auszuscheiden, zu denen sie gehörten. Es handelte sich in Wahrheit aber nur um eine sehr kleine Zahl.

Schließlich hat auch die 33. Generalkongregation im Jahre 1983 von neuem festgestellt, daß in den letzten Jahren nicht immer alle im Jesuitenorden die den Jesuiten eigenen Aufgaben richtig von denen der Laien getrennt hätten, wenigstens in dem, was die Aktion für die Wandlung der Strukturen betrifft, und da wieder ganz besonders im politischen Bereich. Sie hat darum alle Direktiven, auf die wir vorher hingewiesen haben, erneut bekräftigt. Aber sie hat es andererseits auch nicht unterlassen, zu Aktionen zu ermutigen, die im Hinblick auf den Einsatz für die Gerechtigkeit auch politische Folgen haben. „Unsere Gesellschaft muß sich", so sagt sie, „für eine gerechtere Weltordnung, für eine größere Solidarität der reichen mit den armen Nationen und für einen dauerhaften Frieden einsetzen, der auf die Menschenrechte und auf Freiheit gegründet ist." (CG 33, Nr. 46) Derselbe Aufruf will auch zur Arbeit für den Frieden anregen. Und dann bezeichnete die Kongregation den Jesuiten noch eine ganze Reihe von Gebieten, die Aufmerksamkeit verdienten, darunter:

– „Die Unterdrückung der Menschenrechte durch politische Machthaber: Mord, Einkerkerung, Folter, Verweigerung der religiösen und politischen Freiheit . . .
– Die trostlose Lage der Millionen von Flüchtlingen auf der Suche nach einem festen Wohnsitz: darauf hat bereits Pater Arrupe die besondere Aufmerksamkeit der Gesellschaft gelenkt.
– Die Diskriminierung verschiedener Menschengruppen, z. B. der Ausländer sowie religiöser und ethnischer Minderheiten.
– Die Ungleichstellung und Ausnutzung der Frauen.
– Politische Maßnahmen und soziale Einstellungen, die das Leben von Ungeborenen und von behinderten oder alten Menschen bedrohen.
– Die wirtschaftliche Unterdrückung und die geistliche Not der Arbeitslosen, armer oder ihres Landbesitzes beraubter Bauern und ganz allgemein der Arbeiter, . . . (CG 33, Nr. 45)

So besteht ständig die Aufforderung, eine apostolische Arbeit wahrzunehmen, die auch Einfluß ausüben kann auf Lösungen in den brennendsten Fragen der sozialen und politischen Realität, sie schließt aber Mandate und andere Aktivitäten im politischen Bereich aus, für die normalerweise Laien als zuständig gelten. Die grundlegende Unterscheidung, die mit einer außergewöhnlichen Konstanz immer wieder vorgetragen wird, ist vor allem in den Äußerungen der Bischofssynode von 1971 dargelegt worden. Sie spricht einmal über die vorrangige Funktion des Priesters, auf die Einheit hinzuarbeiten, woran auch die Religiosen einen Anteil haben, zum anderen über die Notwendigkeit, daß Priester und Religiosen sich vor allem dem geistlichen Dienst widmen, in dem sie keiner ersetzen wird.

Dies alles ist in bezug auf die Funktionen und Aufgaben von Priestern und Religiosen gesagt und klarer als früher festgelegt. Jetzt kommt es darauf an, daß man lernt, sich nicht von den „politischen" Auswirkungen und Verwicklungen der Unternehmungen beunruhigen zu lassen, die man im Hinblick auf den Einsatz für die Gerechtigkeit macht. Die werden nämlich in der Ermutigung der Laien, in der Erziehung oder in der pastoralen Aufdeckung von Ungerechtigkeiten liegen, Aufgaben, die ganz und gar zum Dienst der Gesellschaft Jesu, übrigens auch zu der der Hirten der Kirche, gehören. Das 4. Dekret lädt in dieser Hinsicht zur inneren Freiheit ein und zu mutigem Handeln. Das ist eine Einladung, die nicht vergessen werden sollte. Diese Freiheit im Geiste wird gewiß eine um so größere Kraft haben, wenn man nicht darauf aus ist, direkt kämpferische Funktionen oder öffentliche Aufgaben anzunehmen. Man muß klar sprechen, aber am richtigen Platz.

Die Unebenheiten des gewöhnlichen Lebens können auch in diesen Fragen nicht fehlen, da sie ja so äußerst praktische Aspekte haben. Deshalb ist in den letzten Jahren mehr als einmal betont worden, daß es wichtig sei, Überlegungen in der Kommunität anzustellen und diese dem Gehorsam der Oberen und der Treue zur örtlichen Hierarchie der Kirche unterzuordnen. Das ist ein weiterer Hinweis, der beachtet werden muß. Hier werden viele sich gleich an das erinnern, was Paul VI. den Jesuiten im Jahre 1975 sagen ließ: „Das Bemühen um die Förderung der Gerechtigkeit muß im Einklang stehen mit den Vorschriften der örtlichen Hierarchie, die sie mit Rücksicht auf die besonderen Verhältnisse einer jeden Region erlassen hat." (Anm. 20) Man muß ganz natürlich auch damit rechnen, daß es Fälle gibt, wo die örtliche Hierarchie nicht ganz derselben Meinung ist. Die Einstellung, mit der wir in jedem Falle handeln sollten, ist ebenfalls in der Anweisung Pauls VI. angegeben.

Am Ende so vieler Debatten um das 4. Dekret und seine Anwendung hat sich auch die 33. Generalkongregation zu diesem Punkt geäußert. Dort zum Beispiel, wo sie sagt: „Die ganze Gesellschaft aber soll versuchen, sich mehr und mehr kraftvoll und kreativ in das Leben der Kirche einzufügen, damit wir ihr Geheimnis erfahren und innerlich verstehen." (CG 33, Nr. 8) Auch dort, wo sie an das Konzil erinnert: „Das 2. vatikanische Konzil fordert uns dazu auf, mit den Bischöfen, den anderen Orden, mit dem Diözesanklerus, den Christen anderer Konfessionen und mit den Gläubigen anderer Religionen aufrichtig zusammenzuarbeiten, weil wir nur so unserer Sendung in der Kirche voll gerecht werden können." (CG 33, Nr. 47) In diesem Gesamtbild denken wir vor allem an das, was die Bischöfe und die lokale Kirche betrifft. Die Empfehlung selbst gilt natürlich für den ganzen Bereich apostolischer Tätigkeit, aber sie muß in besonderer Weise auf das Arbeitsfeld bezogen werden, das politische Auswirkungen hat, von dem wir oben gesprochen haben.

In bezug auf die Gesellschaft selbst erklärte die 33. Generalkongregation: „Die Erfahrung der letzten Jahre haben zunehmend eines deutlich gemacht: je mehr ein Jesuit in einem Milieu und in Strukturen arbeitet, die dem Glauben fremd sind, um so mehr muß er seine eigene Identität als Ordensmann und seine Verbundenheit mit der ganzen Gesellschaft mittels der Kommunität stärken, zu der er gehört und durch die er mit dem Orden konkret verbunden ist." (CG 33, Nr. 33) Diese Aussage schließt ohne Zweifel auch die Weisung ein, daß dasselbe ebenso für die Verbundenheit mit der lokalen Kirche gilt.

Wenn wir auf die Grundposition zurückkommen, die das 4. Dekret in bezug auf die politischen Auswirkungen einer apostolischen Arbeit einnimmt und die den Einsatz für die Gerechtigkeit als eine wesentliche Forderung enthält, müssen wir sagen, daß sie helfen kann, die häufig anzutreffende Furchtsamkeit etwas zu verringern. Denn sie läßt die „sozialen und gemeinschaftlichen Unternehmungen des Apostolats" als eine eher natürliche Sache erscheinen, wobei das 4. Dekret allerdings darauf besteht, daß man nicht der Versuchung nachgibt, aktive Teilnahme an der Politik oder sogar direkten politischen Einfluß um ihrer selbst Willen zu suchen. Und dies alles wurde durch die Intervention des Papstes und durch die 33. Generalkongregation nicht entkräftet, sondern präzisiert. Ziemlich sicher wird man mit der Zeit noch besser lernen, wie man bei den organisierten politischen Kräften oder den öffentlichen Funktionen Courage oder freimütige Mitarbeit genau mit der vollkommenen Freiheit ihnen gegenüber verbinden kann, was ja hier vorgeschlagen wird. Denn der Einsatz für und die Verbindungen mit solchen Arbeiten müssen immer reiner Dienst am Glauben bleiben, reiner Dienst an der Heilsbotschaft, ohne Einmischung von Interessen oder Ideologie.

Anmerkungen

1 Dekret 4, Nr. 35
2 ebda., Nr. 44
3 ebda.
4 Erste Ansprache auf der Prokuratorenversammlung vom Jahre 1978 (AR XVII, 486–7)
5 Dekret 4, Nr. 40
6 ebda., Nr. 31
7 ebda.
8 Abschließende Ansprache auf einem Symposium über die Kollegien vom 13. September 1980 (AR XVIII, S. 238 ff.)
9 Dekret 4, Nr. 60
10 ebda.
11 Dekret 4, Nr. 32
12 ebda., Nr. 40
13 ebda., Nr. 80
14 ebda., Nr. 44
15 ebda., Nr. 45
16 Man ließ in der Tat eher eine Abschwächung durchblicken, als man sagte: „Wenn es in bestimmten Regionen angebracht scheint, diese Kriterien, Normen und Anweisungen zu verdeutlichen, ist es Sache der Provinziäle, dies möglichst in einer Regionalkonferenz zu tun. Wenn diese Normen von Pater General approbiert sind, liegt es beim Provinzial, nach Konsultation und mit dem Einverständnis des Ortsbischofs oder der Bischofskonferenz die erbetene Erlaubnis zu geben oder zu verweigern." Dekret 4, Nr. 80
17 Dekret 4, Nr. 42
18 ebda., Nr. 43
19 siehe Kapitel IV
20 Anhang des Briefes von Kardinal Villot an Pater Arrupe vom 2. Mai 1975

Es ist wahrhaftig eine wichtige Etappe, die einmal durch die Annahme des 4. Dekrets, „Dienst am Glauben und Einsatz für die Gerechtigkeit", und zum zweiten durch die Entwicklungen und Geschehnisse, die dadurch zustande kamen, in der Gesellschaft Jesu durcheilt worden ist. In die Reihe dieser Ereignisse gehören auch die Klarstellungen, zu denen der Heilige Stuhl sich veranlaßt sah, um die sachgerechte Durchführung zu gewährleisten. Diese Vorgänge sind in der Lage, wie wir schon erwähnt haben, auch außerhalb des Kreises der Jesuiten Licht zu spenden.

Gerade am Ende scheint es angemessen zu unterstreichen, daß es nicht nur die Jesuiten sind, die Beschlüsse über den Einsatz für die Gerechtigkeit oder ähnlichen Inhalts gefaßt und in die Tat umzusetzen versucht haben. Die Bischöfe taten das für die ganze Kirche. Die lateinamerikanische Bischofskonferenz von Puebla ist bekannt. Wir haben auch schon die von Frankreich erwähnt, wo die Bischöfe 1974 eine Pastoralversammlung zum Thema „Befreiungen der Menschen und Heil in Jesus Christus" durchführten. Wir haben auch die von Italien erwähnt, die 1976 eine Versammlung der italienischen Kirche veranstaltete, die unter dem Thema „Evangelisierung und menschliche Förderung" stand. – Aber wir wollen uns noch ein wenig mehr damit befassen, daß viele religiöse Orden sich ganz auffallend auf demselben Wege engagiert haben.

Das vorherrschende Thema ihrer Beschlüsse war meist „Die Grundentscheidung (optio praeferentialis) für die Armen". Als ein Beispiel kann hier der Orden der Karmeliter genannt werden, der auf seinem Generalkapitel von 1980 in Rio de Janeiro dies Thema behandelte. Unter diesem Titel findet man in jedem Falle auch die Besorgnis über die Ungerechtigkeit. Die Botschaft des Kapitels der Karmeliten („Berufen, den Armen Rechenschaft abzulegen") erwähnt ausdrücklich „die wirtschaftliche und politische Abhängigkeit, die eine gerechte Verteilung und eine angemessene Teilhabe an den Gütern dieser Welt verhindert", ebenso spricht sie davon, daß „das System" als Ganzes in Lateinamerika „gegen das Wohlergehen der Menschen arbeite". Die Grundentscheidung für die Armen ist hier auch dargestellt als eine Option für die „sozial Benachteiligten" oder „die Kleinen". „Diese Wahl", so heißt es in der Botschaft, „birgt einige Risiken in sich: das Risiko, von den Mächtigen dieser Welt zerdrückt zu werden . . . Wir müssen ernstlich darauf aus sein, aus unserem Leben eine Art ‚Martyrium' zu machen und aufzubrechen, um ‚den Kreuzweg' der Kleinen dieser Welt zu gehen."

Die Gesellschaft vom göttlichen Wort (S.V.D.) veröffentlichte im Jahre 1982 ein Dokument mit dem vielsagenden Titel „Einsatz für die Gerechtigkeit und für den

Frieden in Solidarität mit den Armen". Die Dominikaner haben Gerechtigkeit und Frieden in einem Dokument behandelt, das auf ihrem Generalkapitel vom Jahre 1983 verabschiedet wurde. Sie zählten dort drei Optionen auf: „für die Armen", „für die Gerechtigkeit" und „für den Frieden".

Man sieht daran, wie ähnlich die Hauptanliegen sind. Und wir könnten leicht weitere Beispiele hinzufügen, sowohl von Frauenorden wie von Männerorden. Bei den Dominikanern hatte man früher schon besonderen Wert auf den Einsatz für die „soziale Gerechtigkeit" gelegt, aber, so sagt das neue Dokument, „viele Mitbrüder betrachten diese Fragen immer noch als ein Thema, das für Spezialisten reserviert war". Das neue Dokument erklärt mit dem Blick auf die Zukunft: „Unsere Grundentscheidung für die Gerechtigkeit und für die Armen fordert, daß wir die ungerechten Strukturen anzeigen und für die Wiederherstellung einer Welt kämpfen, die Brüderlichkeit und Versöhnung anerkennt. Die Bemühung um unsere eigene Bekehrung muß hinzukommen. Wer sich nicht grundsätzlich für die Armen entscheidet, gerät in die Gefahr, sich grundsätzlich für die Reichen zu entscheiden. Andererseits ist es aber notwendig, sorgfältig die gegenseitige Abhängigkeit zu studieren, die zwischen Armut, Verletzung der Menschenrechte, Ausbeutung, Systematik, Rüstungswettlauf und internationalen Finanzorganisationen besteht."

Beachten wir auch die folgende Formel, die die Gesellschaft vom Göttlichen Wort aufstellte und die an das 4. Dekret der Jesuiten erinnert: „Unsere Teilnahme an der Mission der Kirche bedeutet auch, da wir ja eine religiöse Missionsgesellschaft sind, Aktion für die Gerechtigkeit und Teilnahme an der Veränderung der Welt."

Im Kapitel der konkreten Vorschläge findet sich zunächst eine Aufforderung zur „Bewußtseinsbildung über und Einfügung in das Leben der Armen". Es heißt dort weiter: „Nur ein konstanter Prozeß der Bewußtseinsbildung und eine kritische Analyse der gesellschaftlichen und politischen Lage, in der wir leben und arbeiten, können uns die Augen öffnen für das Los der Armen und der Unterdrückten. Wir müssen jede Gelegenheit nutzen, wenigstens zeitweilig, noch mehr teilzunehmen am Elend, an der Unsicherheit und an den Frustrationen, die heute das Los so vieler Menschen sind." Und andererseits: „Wir müssen uns auch noch direkter im Apostolat für die Armen und mit ihnen einsetzen." Als Aufgaben werden dann genannt: beschleunigte Hilfe für die Armen, für die Opfer von Naturkatastrophen oder von Aufständen; Hilfseinrichtungen für die Armen, z. B. Krankenstationen, Waisenhäuser usw.; Entwicklungsprogramme, die auf Selbsthilfe, Selbständigkeit usw. aus sind; Initiativen für die Bewußtseinsbildung unter den Armen selbst (mit der Absicht, sie fähig zu machen, ihre Bedürfnisse und ihre Möglichkeiten voll zu erfassen, und um sie in ihrem Kampf um die Gleichheit und für die Teilnahme an den Entscheidungen zu unterstützen); die Fakten der Ungerechtigkeit aufzeigen; auf Verletzungen der Menschenrechte und Machtmißbräuche hinweisen und Teilnahme an den Friedensbewegungen.

Es folgen dann Erklärungen, die einigen, von denen wir vorher gesprochen haben, ähnlich sind. Zum Beispiel: „Unsere Bemühung um die Verbreitung von Gerechtigkeit und Frieden darf niemals die Frucht einer Ideologie sein, sie muß aus der Liebe hervorgehen, die Jesus selbst den Armen und den Randgruppen entgegenbrachte." Es sei darüber hinaus notwendig, „eine Spiritualität zu entwickeln, die sich sehr wohl der Tatsache bewußt ist, daß die erstrebte menschliche Freiheit nicht nur eine Aufgabe wäre, die wir allein zu erfüllen hätten, sonst würde sich unsere Bemühung sehr leicht in Bitternis, Zynismus und Hoffnungslosigkeit umkehren. Aber sie ist auch ein Geschenk, darum können wir im Glauben und in der Hoffnung durchhalten. Wenn wir es fassen können, daß Gottes Reich schon in dieser gegenwärtigen Welt am Werke ist, werden wir fähig sein, selbst inmitten solcher Lebenslagen Freude auszustrahlen, die menschlich gesehen ohne Hoffnung zu sein scheinen."

Man kommt nicht umhin, von der Weite und Großherzigkeit dieser Beschlüsse und dieser Programme tief beeindruckt zu sein. Das Besondere bei der Gesellschaft Jesu ist vielleicht darin zu sehen, daß die Umstände dort eine umfangreichere Reflexion über die theologischen Fundamente, zum Beispiel über die Beziehung der Gerechtigkeit zum Evangelium, der Gerechtigkeit zur Liebe, der Nächstenliebe zur Gottesliebe und schließlich des Glaubens zur Gerechtigkeit selbst in Gang setzten. Genaue Untersuchungen wurden angestellt, die bestimmte Problemkreise klären sollten, z. B. die soziale Analyse, die angemessene Teilnahme von Priestern und Religiosen an der Veränderung der Strukturen, und die politischen Verwicklungen des Einsatzes für die Gerechtigkeit. Das sind alles Probleme des praktischen Lebens, die neu auftauchen, wenn die Grundentscheidung den Einsatz für die Gerechtigkeit festlegt. Es ist nur ein recht kleiner Stein, der da in ein Gebäude eingefügt wird, das gerade erst entsteht. Doch es sieht so aus, daß die Probleme, die im Gefolge des 2. vatikanischen Konzils neu angegangen wurden, nicht so bald wieder aus dem Gewissen der Kirche verschwinden werden, vor allem nicht aus dem Gewissen derer, die sich in ihr vor allem dem Werk der Evangelisierung hingeben.

Für eine bestimmte Zeit hat man etliche, selbst schwere Fehler, im Namen des durch den Dienst am Glauben geforderten Einsatzes für die Gerechtigkeit begangen. Bisweilen vergaß man dabei hier und dort sogar den Dienst am Glauben selbst und seine zentrale Stellung. Das hindert aber nicht daran, daß die Forderung nach einer festen Verbindung beider Begriffe bleiben wird. Sie ist in der entscheidenden Aufwertung „der menschlichen Aktivität im Universum" begründet, die das 2. vatikanische Konzil, vor allem ‚Gaudium et Spes' auszeichnet. Das Konzil hat uns von neuem die Lehre von der Bedeutung der Ewigkeit vor Augen gestellt, die durch die Gnade Christi auch in den Werken dieser Zeit gegenwärtig ist. Deshalb ist die Evangelisierung selbst eine Aufgabe, die eine Teilnahme am Werk der menschlichen Entwicklung und der Verbreitung der Gerechtigkeit als ein Wesenselement in sich enthalten muß.

So hat ein ganzer Lebensstil sich zu verändern begonnen, sowohl bei den Jesuiten als auch bei vielen anderen. Das ist nicht der einzige Aspekt, unter dem uns das Evangelium heute erreicht, aber es ist ein Aspekt, und es ist ein ziemlich wichtiger Aspekt, da wir ja in einer Welt leben, wo der Mensch mehr als je bemüht ist, gerade den Menschen zu formen. Wir müssen in der Tat jedem Menschen behilflich sein, daß er diese Aufgabe im Werke Christi und zur größeren Ehre Gottes vollbringen kann.

Übersetzt von: Burghard Weghaus S. J.

Abkürzungen und für die Zitate verwandte Übersetzungen, die bereits vorlagen.

GS: Gaudium et Spes, Rahner/Vorgrimler, Kleines Konzilkompendium, Herder-bücherei Nr. 270, 1985

CG 31: Dekrete der 31. Generalkongregation der Gesellschaft Jesu, 1965/66, als Manuskript gedruckt, 1967

CG 32: Dekrete der 32. GK der Ges. Jesu, 1974/75, i. A. der Provinzialskonferenz der dt. Assistenz, 1976

CG 33: Dekrete der 33. GK der Ges. Jesu, 1983, ebda., 1984

EN: Evangelii Nuntiandi, Enzyklika Pauls VI., 1965, in: Texte zur katholischen Soziallehre, Butzon u. Bercker, 1982

De justitia in mundo, Bischofskonferenz v. 1971, in: Texte zur kath. Soziallehre, ebda.

Johannes Paul II., Dives in misericordia, Enzyklika, 1980, Sekretariat der dt. Bischofskonferenz

Arrupe, Pedro . . . S. J., In der Liebe verwurzelt und auf sie gegründet, geistliche Texte, ebda., 1981

Inhalt

Einleitung 5

I. TEIL: GESCHICHTLICHE GRUNDLAGEN

  1. Kapitel: Die Frage der Gerechtigkeit seit dem 2. Vatikanischen Konzil .   13
  2. Kapitel: Entstehung des 4. Dekrets 23
  3. Kapitel: Die Jahre 1975–1978 37
  4. Kapitel: 1979–1983 53

II. TEIL: THEOLOGISCHE VERTIEFUNGEN

  5. Kapitel: „Vollkommene Gerechtigkeit des Evangeliums" 67
  6. Kapitel: Gerechtigkeit und Liebe 77
  7. Kapitel: Gottes Liebe und Menschenliebe 87
  8. Kapitel: Glaube und Liebe 95

III. TEIL: AUFGABE DER KIRCHE –
          AUFGABE DER GESELLSCHAFT JESU

  9. Kapitel: Verkündigung des Evangeliums und Einsatz für die
              Gerechtigkeit 105
  10. Kapitel: Eine Grundentscheidung der Gesellschaft Jesu 115

IV. TEIL: EINIGE GESICHTSPUNKTE ZUM ENGAGEMENT FÜR
          DIE GERECHTIGKEIT

  11. Kapitel: Die Einfügung und die Solidarität mit den Armen 123
  12. Kapitel: Soziale Analyse, Strukturen, politische Implikationen . . . 133

Abschluß 147

Schlußbemerkungen 151